K·컬처 in 쿠바

쿠바에서 한류를 찾다

K-컬처 in 쿠바_쿠바에서 한류를 찾다

© 홍지영(Amy H), 2021

1판 1쇄 인쇄_2021년 1월 5일
1판 1쇄 발행_2021년 1월 10일

지은이_홍지영(Amy H)
펴낸이_홍정표
펴낸곳_글로벌콘텐츠
　　　　등록_제25100-2008-000024호

공급처_(주)글로벌콘텐츠출판그룹
　　　　대표_홍정표　이사_김미미　편집_하선연 김수아 권군오 이상민 홍명지　기획·마케팅_이종훈
　　　　주소_서울특별시 강동구 풍성로 87-6(성내동)　전화_02) 488-3280　팩스_02) 488-3281
　　　　홈페이지_http://www.gcbook.co.kr　이메일_edit@gcbook.co.kr

값 14,800원
ISBN 979-11-5852-300-8　03300

K·컬처
in
쿠바

쿠바에서 한류를 찾다

홍지영(Amy H) 지음

글로벌콘텐츠

한국 문화의 르네상스를 꿈꾸다

Havana

문화라는 개념은 매우 광범위해서 한마디로 설명할 수가 없다. 문화적인 요소란 그 나라 길가에 있는 돌멩이와 이름 없는 들꽃부터 시작해 지리, 역사, 언어, 글, 관습, 법, 음식, 종교, 계절, 이웃 나라와의 교류, 이민자 등등 그 나라의 모든 것이다. 이 모든 것들이 오랜 시간 어우러지다가 버려지고, 합쳐지고, 새로운 것이 유입되는 과정을 거쳐 형성된 것이 바로 그 나라의 문화다. 더군다나 대한민국은 5000년 동안 끊임없이 외세의 침입을 겪으며 버티고 이겨온 긴 역사를 가지고 있다.

최근 100년, 특히 큰 전쟁을 겪으며 생겨났다고 보는 우리만의 독특한 인사법이 있다. "식사하셨어요?"와 "식사 한번 같이 하시죠." 두 번의 큰 전쟁, 2차 세계대전과 한국전쟁을 거치며 밥을 굶는 일이 많아 생겨난 인사법이 아닐까 추측된다. 전쟁 중에도 전쟁 후에도 항상 먹을 것은 없거나 부족했다. 특히 할머니들께 밥 한 끼 거른 거 잘못 말했다가는 할머니 앞에서 배가 남산만 해질 때까지 먹어야 할 가능성이 높다. 이 한국식 '식사 인사'가 "Hi, how are you doing?"과 "See you later"라고 외국인들에게 설명을 해야 될 시기가 왔다. 영어로 "See you later"라고 했다고, 다음에 만났을 때 화를 내며 "너 왜 그동안 연락 안했냐."며 따지는 사람은 없다. 헤어질 때 일반적으로 하는 인사라는 것을 다 이해하고 있기 때문이다. 이젠 한국식 인사법을 전 세계에 공통적으로 이해시킬 시기가 온 것이다. "식사 한번 같이 하시죠."는 "See you later."와 같은 인사라고.

한국 문화에 특이점이 왔다!

쿠바 카마구에이의 젊은이들이 모여서 만든 KCT라는 한국 컬처 클럽에서 모인 청년들이 일을 냈다. 이 청년들은 마치 한국 문화의 파도 속에서 유유자적하게 놀면서 거대한 청새치를 잡다가 소설을 써서 노벨 문학상을 탔는데, 이젠 노벨 문화상(노벨 문화상은 없다. 특이점이 와서 없는 상을 만들어 봤다)도 노리고 있는 수준의 일을 냈다.

쿠바의 한국 컬처 클럽 KCT(Korea-Cuba, Camaguey Together)의 젊은이들이 한 신박한 일들은 충격에 가까웠다. 마치 '유레카'를 외치던 고대 그리스 학자 아르키메데스의 심정이 이와 비슷하지 않았을까싶다. 왕관의 황금순도를 알아내라는 왕의 명령으로 방법을 고심하던 그가 목욕하다가 방법을 알아내자마자 길거리로 나와 외치던 그 "유레카!"를 나도 외치고 싶다. 카마구에이의 청년들은 그들 스스로 한국 문화를 연구하고, 습득하며, 지역화하고 있다. 청소년들은 한국 문화와 함께 성장하며 더 나은 내일을 꿈꾸기 시작했고, 한국 문화를 배워가며 새로운 쿠바 문화를 직접 만들어 가고 있다. 그렇게 쿠바-아리랑이 불렸고, 쿠바-떡볶이가 탄생했다.

나는 한국을 비롯해 전 세계에 이 사실을 속보로 내보내고, 확성기를 들고 대로변에 나가서 외치고 싶은 심정이다.

한국 문화에 특이점이 왔다!

Here it comes: Singularity in Korean Culture!

쿠바에서 이 정도로 한국 문화에 대한 이해가 이루어지고, 진전이 있었다면, 다른 나라는 어떻겠는가? 음악을 듣고 드라마를 시청하는 단순한 단계는 이미 넘어섰다. 미국에서도 한국을 안다면서 김치를 매일 먹는 외국인들은 물론이고, 한국 단어를 일상적으로 사용하는 일상 범용 단계가 종종 발견된다. 현재 여러 방향으로 널리 퍼지고 있는 중이다. 제일 중요한 단계인 지속성. 그 지역에 남아 발전하는 지속성을 위해 노력하고 체계화해야 할 때가 왔다. 세계에 널리 퍼진 한국 문화가 각 지역의 문화로 자리를 잡아야 비로소 한국 문화의 르네상스가 시작되었다고 말할 수 있지 않겠는가? 나는 지금 한국 문화가 르네상스 직전의 골든타임에 있다고 말하는 것이다.

내가 골든타임으로 보는 지금부터 2년 정도는 한국 문화의 르네상스 100년을 위해 설계하고 계획을 세워야 한다. 지금 이 골든타임을 놓치고 나중에 땅을 치고 후회할 것인가? 아마도 세계 도처에서 가만히 있지는 않을 것이다. 이미 일본에서는 K-POP을 일본어로만 부르게 하면서, 일본인들로 구성된 아이돌을 양산하고 있다. '아라시(일본 인기 아이돌 그룹)'

도 BTS에 도전했다. 햄버거와 콜라로 세계인의 입맛을 장악하고, 전 세계에 미국 만화 출신 영웅들을 수출시켜버린 할리우드 영화를 만든 미국도 가만히 지켜보고만 있지는 않을 것이다.

전문가들은 4차 산업으로 많은 일자리가 없어질 것이라고 말한다. 미래의 전망 좋은 일자리는 컴퓨터 관련 산업 말고는 딱히 없어 보인다. 하지만 그렇다고 해서 각자 타고난 재능과 흥미가 다 다른데, 모든 사람들이 다 컴퓨터 관련 전공을 배울 수는 없다.

왜 나는 한국 문화산업도 한국의 미래 산업 같고, 거기에 전망 좋은 일자리들이 넘쳐나는 것으로 보일까? 나는 5000년 넘는 역사와 문화를 가진 대한민국에 존재하는 유·무형의 모든 것은 문화 사업으로 변신이 가능하다고 생각한다. 한국 문화는 세계에서 반응이 확실히 왔다. 지금이 골든타임이다. 계획을 잘 세우고 실천하면 한국 문화가 세계 문화의 공공재가 되도록 할 수 있다.

길가에 있는 돌멩이와 나무들마저도 한국 문화의 콘텐츠가 될 수 있는 나라가 우리나라이다.

X, Y세대 제작자들에게 전하는 감사의 말

지금까지의 한류를 만들어낸 모든 분들께 감사 인사를 드린다.

라디오로 음악을 듣고 배터리 아끼려고 카세트테이프에 연필을 끼워 돌려말던 청소년 시기를 지낸 X세대에게 빌보드는 미국인들을 위한 미국음악만 순위에 매겨지는 그런 곳이었다. 카세트, CDP, MP3를 거쳐 핸드폰으로 음악을 듣는 모드 기계의 발달과정을 함께한 산증인으로 통기타, 전자기타, 색소폰, 신서사이저를 거쳐 컴퓨터로 음악을 만들어 내는 것까지 보았다. X세대 당사자들인 JYP, 방시혁, YG 대표들은 가수였거나 댄서였고, 현재는 프로듀서이다. 이들은 저항할 틈도 없이 아날로그 세계에서 디지털 세계로의 변화를 빠르게 받아들이고 습득하기 바빴던 시대를 살아온 바로 그 X세대들이다.

Y세대들의 톡톡 튀는 감각을 빼놓을 수 없다. 소통의 달인들인 이들은 자율성을 기반으로 뚜렷한 자기주관을 가진 이들이다. 한국 문화 사

업은 X세대와 Y세대의 협업이 이루어진 환상의 결과라고 할 수 있다. 새로운 유행과 소비를 선도하는 이들은 컴퓨터를 자유자재로 다루고, 마음만 먹으면 온갖 디지털 기기를 가지고 무엇이든 만들어 낼 수 있다. 이들의 능동적인 감각과 감수성이 더해지고 나니, 한국 문화 상품들이 세계인들의 마음을 사로잡기 시작한 것이다.

2020년 9월 첫째 주 빌보드의 HOT 100 1위를 BTS의 〈Dynamite(다이너마이트)〉가 차지했다. 나는 뮤직비디오를 처음 본 순간 성공을 예견하긴 했으나 바로 HOT 100, 1위를 할 것이라고는 예상하지 못했었다.

〈Dynamite〉를 샅샅이 분해해 보면, 음악은 복고풍의 디스코, 복장은 나팔바지, 손가락은 하늘을 찌르되 공손한 손, 어떤 노안이 봐도 예쁜 색감과 눈이 편안한 뮤직비디오, 그리고 100% 영어가사. 내 귀엔 브루노 마스와 마룬5가 들렸고, 내 눈엔 마이클 잭슨도 보였다. 거기에 라이브가 되는 출중한 노래 실력과 춤!! 이 모든 구성은 현재 팬덤을 구성하고 있는 청소년들을 벗어나 모든 세대와 공간을 아우를 수 있는 탁월한 선택이었다.

미국음악시장의 최대 상징인 빌보드에서 HOT 100이라니, 팝의 역사와 그 보수성을 생각해 봤을 때 정말로 대단한 일이다. 로이터(영국의 뉴스 통신사)는 이런 현상에 대해 '익숙한 멜로디와 긍정적인 메시지 그리고 전 세계에 퍼져있는 팬덤'이 성공의 이유라고 설명했다. 적절해 보이는 해석이긴 하나, 현재의 이 현상을 다 설명하진 못한다. 이들을 키워낸 X세대 음악 프로듀서들이 격동의 대한민국에서 국난극복의 길을 거치면서 갖게 된 한국인의 DNA를 외국인들이 무슨 수로 이해할 수 있을까싶다. 또한 한국 Y세대들의 감성과 감각에 대해 짐작도 못할 것이다.

사회적 관계에서 약자인 언더독(Underdog)의 성공은 언제나 대단하다. 대한민국은 이런 언더독 시절을 지나온 나라라고 말하고 싶다. 하지만 2020년 현재 전 세계 군사력 6위, 선진국순위 9위, GDP는 10위이다. 100여 년 전에 겪은 2차 세계대전과 70여 년 전 겪은 한국전쟁에 나라가 두 동강이 난 그 나라. 2020년 현재 우리나라는 뭘 해도 전 세계 10위권 안이라는 것이다. 그리고 문화대국이 되었다. 이대로만 간다면, 전세계 팝시장은 AMERICAN POP, LATIN POP, 그리고 KOREAN POP 이렇게 삼분지계가 될 것이다(내 마음속에선 이미 삼분지계가 되었다).

그뿐이랴 K-DRAMA는 또 어떤가? 한국 드라마는 전 세계인들이 시청하는 넷플릭스(NETFLIX) TOP 10에 항상 몇 개씩 포진되어 있다. 〈태양의 후예〉와 〈미스터 션샤인〉의 김은숙 작가, 〈응답하라 시리즈〉의 이우정 작가, 한국 역사 좀비 〈킹덤〉의 김은희 작가 모두 70년대생인 X세대들이다. 그리고 제작을 함께한 Y세대가 있다. 전 세계가 공감할 수 있는 보편성에 여러 문화가 공감할 수 있는 내용이 더해져 어디서나 통할수 있는 이야기의 결과물이 바로 한국 드라마이다. 거기에 드라마를 만드는 기술력은 가히 세계 최고라고 말할 수 있다.

이쯤에서 '〈태양의 후예〉는 한국의 젊은 군인과 의사가 사랑에 빠지는 멜로드라마, 〈미스터 션샤인〉은 구한말 시대 독립투쟁을 하는 양반가 여식의 역사물, 〈응답하라 시리즈〉는 1980~90년대 한국 사회의 시대물, 〈킹덤〉은 조선 시대 왕이 좀비가 된 드라마인데, 어떻게 전 세계가 공감하는 보편성이 가능하다는 건가?'라는 의문을 품을 수도 있다.

보편성의 관점으로 굳이 정리해 보면 이렇다.

- 전 세계의 나라들은 다 군대와 의사가 있다. 그리고 사랑을 한다.
- 서구열강이라고 불리는 나라들이 전 세계를 정복한다는 명목하에, 다른 나라를 식민지화해서 억압하고 착취했다. 그래서 과거 식민지 시대를 겪은 대부분의 나라는 독립운동의 역사가 있다.
- 한국의 1980~90년대 우리가 겪은 그 시절을 현재로 살아가는 나라들이 있다.
- 좀비에 열광하는 팬덤은 비슷한 장소와 구도에 너무나 익숙해져 있다. 그런데 완전 다른 조선 시대 왕이 새로운 복장과 함께 강력한 좀비로 나타났다. 좀비라는 보편적 장르에 새로운 시간과 장소, 캐릭터인데 어찌 열광하지 않을 수 있겠는가?

사람 사는 모습은 어느 나라나 다 비슷하다. 다만 나라마다 이데올로기, 언어, 종교, 관습, 풍토 등이 다르기 때문에 달라 보일 뿐이다. 부모는 자녀의 앞날을 걱정하고 좀 더 나은 생활을 할 수 있는 직장을 잡는 길을 모색한다. 그리고 자녀의 결혼을 고뇌하고, 손주를 보고 싶어 한다. 남녀 간의 사랑은 인간사에 있어 가장 어려운 난제이자 보편적 주제이다. 한국 드라마의 보편성. 이제 납득이 가는가?

게다가 시공을 넘나드는 캐릭터와 이야기를 멋지게 드라마로 만들어서 내놨다. 최고 기술의 촬영기법, 타의 추종을 불허하는 세련된 구도와 영상미, 시각의 마법을 일으켜버리는 편집, 감각적 소품들로 채워진

스타일리시한 세트장, 따라 입고 싶은 등장인물들의 패션과 메이크업, 이보다 더 적절할 수 없는 배경음악(음악을 빼면 드라마가 심심하다), 일주일 동안 변심하지 말고 잘 기다리라는 듯 조금씩 보여주는 메이킹 장면 등등 최고 예술의 경지를 보여주는 한국 드라마에 세계인들이 열광하는 것은 당연지사다.

이 보편성을 기반으로 한 이야기와 더불어 세련된 현대 기술과 예술들이 잘 버무려진 결정체인 한국 드라마에 울고 웃는 세계인들은 어디에나 있다.

2020년 한국 영화의 역사를 새로 쓴 봉준호 감독 영화 〈기생충〉에 대한 찬사와 호평을 보다 보면 반복해서 나오는 단어들이 있다. 크게 두 가지가 눈에 띄는데, '장르의 혼합'과 '사회계급'이라는 단어다. 〈기생충〉이라는 영화 한 편에서 코미디, 드라마, 스릴러, 호러라는 모든 장르를 봤다. 자본주의 시스템이 주요 경제기반인 사회라면 어느 나라에나 다 존재하는 사회계급 그리고 그에 대한 문제의식. 역시나 사회계급에 대한 문제의식은 자본주의 사회에서 일어날 수 있는 보편적 문제의식인 것이다. 나는 전 세계에서 통하는 K-POP, K-DRAMA, K-MOVIE의 주요 키워드 중 하나로 보편성을 골랐다.

각 개인의 취향은 다를 수밖에 없다. 그런 각각의 취향(코미디, 드라마, 스릴러, 호러 등) 덕분에 전 세계 사람들이 〈기생충〉이라는 영화 한 편을 다 같이 모여서 볼 수 있었다. K-POP도 한 곡에 디스코, EDM, 아프리카의 비트, 펑크 등이 잘 섞여 있다. 전 세계 어디에서 누가 들어도 익숙한 무언가가 최소한 한 가지는 있다. 누구나 어깨가 절로 들썩거릴 수밖에 없을 것이다. 분명 K-DRAMA는 드라마인데, 마치 영화를 본 것 같다는 소감들이 보인다. 다른 나라 사람이 다른 언어로 말하고 있는데, 우리 집에서 이웃에서 일어날 수 있는 일이라고도 한다. 게다가 〈기생충〉은 여러 장르가 복합적으로 섞여 하나로 보이니 각기 다른 취향의 사람들이 모여서 함께 즐길 수 있었다.

이 보편성을 무기로 문화산업을 만들어낸 주역인 X, Y세대가 살아온 세월이 이랬다. 5~60년대 전쟁이나 가난을 지나온 부모 세대 밑에서 태어나 독재 시대와 그를 바꾸려는 삼촌, 형, 누나를 어린 눈으로 바라보던 그들이 성인으로 성장했다. 그 와중에 세상은 아날로그에서 디지털 세상으로 전환되어 둘 다 경험해본 세대이다. 그리고 나라가 망해서 IMF 원조를 받으며 경제적 어려움을 함께한 세대들이기도 하다. 이들에겐 변화에 대해 생각해 보고 말고 할 여유가 없었다. 변화가 오면 거기에 빨리 적응하는 자만이 살아남을 수 있었다. 세계가 변화하는 것을 빨리 잡아내는 심리적 안테나가 있는 세대들이라고 불러도 과언은 아닐 것이다. 세계의 트렌드를 읽는 능력과 최고의 기술이 융합된 복합 결과물을 한국 드라마와 영화, K-POP으로 만들어냈고, 세계가 이목을 집중하고 있는 것이라고 판단한다.

그리고 X세대와 더불어 열심히 일하고 있는 Y세대 제작자들. 한국 문화산업을 여기까지 성장시킨 모든 드라마, 영화, K-POP, 예술가, 제작자, 스텝, 모든 한국 문화산업 관련자분들의 그 노고에 진심으로 감사드린다.

새로운 문화가 전파될 때 일어날 수 있는 일들

역사 속에서 새로운 문화의 전파는 대부분 잔인하거나 힘들었다. 100년 전까지만 해도 문화는 전쟁이나 침략을 통해서 강압적으로 바뀌는 사례가 대부분이었고, 평화로운 방식의 문화 교류가 있었다고 해도 흔하게 이뤄지는 방식은 아니었다. 실크로드를 통한 문물의 교류는 목숨을 걸고 오랜 기간 나서는 길이기도 했다. 인류의 역사가 이렇기 때문에 어쩌면 인간의 DNA에는 새로운 것이 나타나면 피하라고 새겨져 있을지도 모르겠다는 생각이 든다.

상부의 집권 세력부터 하위계층까지 기성세대들은 기존의 질서가 흔들리는 것을 우려한다. 집권 세력이야 안정적 권력 유지를 위해서 정착된 제도하에서 통제할 수 있는 최적의 상태를 유지하는 것이 편리하니 당연하게 새로운 사상이나 문화가 유입되는 것을 꺼리는 것이 이상하지는 않다. 그렇다면, 권력이 없는 이들은 왜 그럴까? 소스타인 베블런

(Thorstein Veblen)의 『유한계급론(The Theory of the Leisure Class)』에서 그 답을 엿볼 수 있다. 경제학 개념이긴 하지만 새로운 문화를 거부하는 이유를 대입해 볼 수 있다. 집권 세력인 유한계급(Leisure class)은 이미 돈과 권력이 있고, 그들에게 편리한 기존의 제도와 익숙한 생활상을 선호하는 경향이 있다. 그러나 하루하루가 힘겨운 하위계층 또한 새로운 변화를 달가워하지는 않는다. 이미 기존의 제도권 아래에서 모든 힘을 소진하며 살아가는 그들에게는 새로운 것을 배우고 적응하는 것에 대한 에너지와 시간이 부족하다는 것이다. 이러한 경제 질서 속에서 집권 세력과 하위계층이 모두 새로운 문화의 유입을 달가워하지 않는다는 것을 이해한다면, 새로운 문화의 전파가 얼마나 힘든 것인지 이해할 수 있다.

나라를 바꿔서 사는 이민자들에게는 새로운 나라의 문화를 습득하는 것조차 어려울 수 있다. 이민 1세대 부모와 미국에서 태어난 아이가 있는 동양인 가족의 실제 대화이다. 스티브 잡스 사후 직후였다. 중학생인 10대 아이가 부모님께 질문했다. "잡스는 아들이 없어? 왜 회사를 다른 사람한테 줘?" 그 아이는 부모님의 문화와 사고방식을 전달받았고 미국의 기업문화를 이해하지 못했기 때문에 나온 질문이었다. 학교 교육이 미국의 모든 것을 전달할 수는 없다. 미국에서 태어났다고 해서 미국의 모든 것을 다 알 수는 없다는 말이다. 이 아이가 대학을 졸업하고 직장을 잡고 사회에 나갔을 때 부딪힐 문화충격들이 짐작돼 마음이 착잡했다. 미국에서 태어나고 자라도 이민자 가족이라면 습득하지 못하는 미국의 문화가 있는 것이다.

다시 베블런이 한 이야기로 돌아와서, 권력의 상위계층도 권력과 상관없는 하위계층도 새로운 문화를 달가워하지 않을 수 있는 이유를 알아 봤는데, 문화를 전파하는 일이 쉽지 않다는 걸 알 수 있었다. 문화 전파는 커녕 1990년대 초에는 다른 나라를 여행하는 것조차 얼마나 만만치 않은 일이었는지 나의 경험을 풀어 이야기하겠다.

20대 초 처음으로 유럽(영국, 프랑스, 이탈리아)에 직접 가본 나는 여러 방면에서 충격을 받았었다. 1990년대 초는 일반인 중 특히 대학생들의 배낭여행 붐이 일어나기 시작한 때였다. 하지만 지금처럼 누구나 마음만 먹으면 동남아부터 유럽까지 쉽게 가던 때는 아니었다. 1980년대까지만 해도 순수 여행 목적으로는 여권조차 발급되지 않던 시대였다. 오로지 기업 출장, 해외 유학, 해외 취업에만 여권이 발급됐었다. 1986년 아시안게임, 1988년 올림픽을 거치면서 해외여행 개방화를 검토하기 시작했고, 1989년에야 일반인들의 해외여행이 가능해졌다. 그러나 소양 교육을 꼭 받아야만 했다. 이른바 반공교육이라는 것으로, 여권을 신청할 때 한국관광공사에 속해있던 관광교육원, 자유총연맹, 예지원 등에서 하루 동안 소양 교육이라는 걸 받았다. 그 내용은 한국인 납북사례, 반공교육이 주를 이뤘다. 교육 수료증을 제출하고 나서야 여권을 받을 수 있었던 것이다. 폭발적으로 늘어나는 해외여행객 숫자와 시대의 변화에 따른 인식에 맞춰 1992년에 소양 교육은 폐지되었다.

이런 시대였으니 학교에서 배우고, 책으로 읽고, 영화 몇 편 본 것이 다인 내가 가진 서양 사회에 대한 인식과 견문이 얼마나 제한적이었을 것인지 짐작이 가지 않는가? 기대가 높았던 유럽 여행은 실망의 연속이었다. 여행을 다녀온 후, 나는 달라져 있었다. 이 여행으로 인해 서양에 대한 나의 환상들은 모두 사라졌고, 오히려 자신감이 솟아올랐다.

나는 서양인들이 모두 영화배우의 모습일 것이라고 기대했었다. 미디어의 영향이었다고 치부하고 싶다. 지금 생각해 보면 어이없지만, 그들의 외모를 영화로 습득한 탓이었을까 기대감이 매우 컸다. 길거리에 소피 마르소, 알랭 들롱, 아놀드 슈왈제네거 같은 사람들로 넘쳐날 것이라고 기대했었다. 현실은 그렇지 않다는 것을 본 후 현실과 이상에서 나타나는 괴리감과 실망감, 심지어는 당혹감까지 밀려왔었다.

영국 음식은 맛이 별로였다. 내 입에만 안 맞는 줄 알았는데, 영국인들 스스로 말한다. "영국은 날씨, 음식, 남자가 별로인걸로 악명 높다는데…." 그들도 알고 있었다. 음식 맛이 별로인 것을. 그래도 영국의 시그니처 메뉴인 피시 앤 칩스(Fish&Chips)는 신선하고 맛있어서 그것만 사먹었다. 프랑스의 국민 빵인 바게트도 폭신한 식감을 선호하는 내 입맛엔 별로였다. 심지어 이탈리아에서 먹은 피자와 스파게티까지도 별로였다. 한국의 '피자헛'에서 먹었던 피자와 스파게티에 길들여진 내 입맛은 정통 이탈리아식 토마토소스와 맞지 않았다. 토핑도 한국식으로 야채와 소시지 가득이 메뉴에 없어서 실망했다. 내가 먹어왔던 피자와 스파게티는 미국식으로 변형된 것에서 한국인의 입맛에 맞게 뭔가 더 가미된 것이라는 걸 집으로 돌아온 후에야 알았다.

무조건 맛있을 줄 알았던 영국, 프랑스, 이탈리아의 음식, 무진장 잘생기기만 했을 줄 알았던 외국 사람의 생김새 이 모든 것들은 미디어를 통해 내 머릿속에서 만들어진 허상이었다.

지루할 수도 있는 개인적 경험을 굳이 풀어놓은 이유가 있다. 한국 문화, 즉 음식, 예술, 패션, 화장품, 드라마와 K-POP을 세계로 전파할 때 기억했으면 하는 부분들이 나의 개인적 경험에 포함되어 있기 때문이다. 사실 K-DRAMA와 K-POP은 보편성을 무기로 한 전파의 초기 단계에서는 벗어났다. 음식, 예술, 패션, 화장품 등이 동양인, 동양문화가 아닌 다른 인종, 다른 국가로 가면 그 나라 현지인들에게는 맞지 않을 가능성이 있다는 점도 기억하면 좋겠다. 외국인이 좋아하는 매운맛 음식은 피망과 후추 조금이 가미된 정도의 매운맛을 의미할 가능성이 높다는 점도 기억했으면 한다. 땅과 물이 다르고 기후도 다른데 당연한 게 아닐까.

이런 면에서 미국의 패스트푸드 체인점인 '맥도날드'의 사례는 의미가 있다. 세계 도처에 있는 맥도날드에는 현지 음식이 포함되어 있다. 하와이 맥도날드에는 아침 메뉴에 '맥 스팸'이라고 밥, 계란, 스팸이 있고, 터키에는 '케밥' 스타일의 '쾨프테 버거'가 있다. 독일에는 '맥뉘른 버거'라는 이름의 소시지 버거와 맥주를 팔며, 프랑스에는 와인을 파는 곳이 있다. 인도에는 카레 소스에 난으로 만든 '맥커리 팬', 그리고 한국 맥도날드에는 '불고기 버거'가 있다. 지역화를 한 것이다. 현지인들의 식습관을 존중해서 메뉴 개발을 했다. 새로운 음식을 거부하는 친구들과 미제 버거를 먹고 싶은 친구들이 어울릴 수 있는 공간을 제공하는 것이다.

유홍준 교수가 자신의 저서 『나의 문화유산 답사기』에서 말했듯이 이 세상은 '내가 아는 만큼' 보인다. 그리고 각 개인의 경험치에 따라 받아들이고 느끼는 것도 다르다. 내가 좋다고 해서 남들도 좋다는 법은 없다. 그리고 내가 좋았으니 너도 좋아하라고 강요하면 역효과가 날 수도 있다. 그러므로 한국 문화 사업이 세계로 진출할 때 그 지역에 대한 철저

한 조사를 통해 해당 지역을 이해하고 지역화하는 노력을 한다면, 한국 문화에 대한 거부감이나 저항감이 적어지고 성공적으로 잘 전달할 수 있지 않을까 한다.

목 / 차 /

Part 1 쿠바를 보다

목 / 차 /

Part 1

쿠바를 보다

쿠바를 여행하면 벽화나 철제, 혹은 동상으로 마주치는 얼굴들이 있다. 호세 마르티, 피델 카스트로, 체 게바라 정도는 기억하면 쿠바를 여행할 때 도움이 될 것이다. 이 세 명이 왜 거리 곳곳에 있는지 알면 더 흥미롭다. 이들은 우리나라가 가진 광화문의 의미와 함께 그곳에 계시는 세종대왕과 이순신 장군의 상징성, 역사성과 견줄 수 있지 않을까 한다. 또한, 여행하는 나라에 대한 최소한의 예의이기도 하다.

산티아고 데 쿠바의 국립묘지에 있는 호세 마르티 석상

▬ 호세 마르티(José Martí)

여행객들이 마주하는 쿠바의 첫 관문인 하바나의 공항 이름은 호세 마르티 국제공항(José Martí International Airport)이다. 그 상징성은 이 정도로 설명할 수 있다. 프랑스엔 샤를 드골 공항이 있고, 뉴욕엔 존 F. 케네디 국제공항이 있다. 둘 다 프랑스와 미국 대통령의 이름을 딴 공항이다. 그 사람이 국가에 얼마나 중요하고 상징적인 인물인지 가늠할 수 있다. 쿠바의 중요한 인물은 호세 마르티인 것이다. 국립도서관(Biblioteca Nacional de Cuba Jose Marti)도 그의 이름을 땄다. 호세 마르티의 동상은 이탈리아, 스페인, 멕시코, 불가리아, 아르헨티나, 인도 등 세계 여러 나라에 있다. 심지어 미국의 뉴욕, 뉴저지, 플로리다에도 그의 동상이 있다. 쿠바 전국구가 아니라 세계를 무대로 활동했던 인물이었다.

호세 마르티는 쿠바의 독립 영웅이자 철학자, 교육가, 언론인, 시인, 정치인이다. 우리나라의 독립운동가이자 정치인, 그리고 사상가인 백범 김구, 해외에서 독립운동을 하며 독립 자금 모금을 주도한 도산 안창호, 시로 독립운동에 지친 국민들의 마음을 어루만져주며 일본 감옥에서 돌아가신 윤동주 등과 견줄 수 있는 인물이다.

16세에 문학과 미술에 재능을 보이던 그는 17세에 신문 '조국(Patria)'을 발간하고 스페인으로부터의 독립을 꿈꾸는 글을 실었다. 같은 해 체포되어 6년 형을 선고받고, 2년 후에 스페인으로 추방되었다. 그의 망명생활이 시작된 것이다. 그는 스페인에서 법률 공부를 마쳤다. 이후 멕시코에서 쿠바의 독립을 위해 저널리스트로 활동했다. 과테말라의 대학에서 문학, 역사, 철학을 강의했다. 쿠바에서 여러 차례 일어난 독립전쟁 중 하나인 '10년 전쟁'에서 싸우려고 1878년 쿠바로 돌아갔으나 다음 해 산티아고 데 쿠바 지역 전투에서 스페인군에게 다시 체포되어 추방당했다. 1881년, 프랑스와 베네수엘라를 거쳐 미국 뉴욕에 정착했다. 여기서 여러 신문을 통해 정치·사회문제를 설파하며 남미 문화의 정체성 확립을 강조했다. 우루과이, 파라과이, 아르헨티나의 외교관으로 일하면서 동시에 쿠바에서 온 망명자들과 연대를 공고히 했다. 1892년 쿠바 혁명당(Cuban Revolutionary Party)의 대표가 되어 국가의 기틀을 잡고, 쿠바 수복 계획을 세웠다. 이 와중에 쿠바의 아리랑인 〈관타나메라〉 노래 가사의 원문인 책, 『Versos Sencillos(소박한 시집)』을 썼다. 1895년 1월 뉴욕에서 독립 자금을 모아 쿠바로 돌아와, '10년 전쟁'의 영웅 막시모 고메즈 장군과 안토니오 마세오 장군 군대와 함께 전투에 참여했다. 그해 4월 도스 리오스 전투(Battle of Dos Rios)에서 스페인군의 총탄에 피살되었다.

쿠바는 콜럼버스 도착(1492년) 이전에는 대략 25만 명 정도의 원주민이 옥수수와 유카 등을 재배하며 살던 풍요롭고 평화로운 섬이었다. 대표적으로 타이노(Taino) 부족과 다른 두 개의 부족, 이렇게 총 세 개의 부족이 있었다. 쿠바에서도 신석기 시대 유물이 발견된 적이 있기 때문에 인류 역사의 궤적을 함께 걸어온 섬이었다. 1492년 콜럼버스가 죽을 때까지 인도라고 믿었고, 현재의 미국을 찾았다고 했던 그곳이 카리브해역이었고, 쿠바는 그 카리브해에 있다. 9년 후, 400여 년 동안(1511~1898년) 스페인의 식민지가 되면서 원주민들은 학살당하고 새로 유입된 균으로 인해 전멸하였다. 여러 계층의 스페인 사람들이 다양한 이유로 대거 유입되고, 부족한 노동력을 아프리카 노예로 대체하면서 현재 쿠바의 인종 구성, 음악, 문화가 시작되었다. 쿠바의 국민 영웅 호세 마르티가 모든 사람의 구심점이 되어 쿠바 정체성의 중심을 잡고, 공고히 했음을 다시 강조하고 싶다. 스페인은 설탕과 담배농장을 세워 이를 수탈했다. 현재 쿠바에 사는 이 아프리카의 후예들은 그들의 뿌리를 찾고, 그 전통을 예술로 이어가기 위해 힘쓰고 있다.

호세 마르티는 쿠바에서 가난한 스페인 농부의 아들로 태어나, 42년이라는 짧은 생을 쿠바를 위해 바쳤다. 그는 불꽃처럼 타올라 스페인 식민지 군과의 전투에서 장렬하게 사라졌다. 그러나 그의 업적은 영원히 쿠바인들의 마음속에 남게 되었다. 그는 쿠바인들의 정신적 지주이자 정체성 확립의 기준을 마련했다.

그에 대한 쿠바인들의 영원한 존경을 알아볼 수 있는 노래가 있다. 국민 가요인 〈관타나메라〉이다. 뉴욕에서의 망명 시절이었던 1891년, 장편시집 『Versos Sencillos(소박한 시집)』에서 발췌하여 쿠바의 작곡가이자 가수인 '호세이토 페르난데스(Joseito Fernandez)'의 〈El solo de Pacecito〉로 재탄생했고, 현재의 〈관타나메라〉로 이어졌다. 쿠바인들은 어려서부터 이 노래를 부르며 성장한다고 한다. 그리고 학교에 입학해서 호세 마르티의 완전한 시 원문을 배우며 완전체를 알게 되고, 쿠바인으로서 정체성이 확립됨을 느끼게 된다고도 한다.

이 시에서 쿠바 민중들에 대한 호세 마르티의 무한한 사랑과 시대에 대한 고뇌와 안타까움 그리고 그의 열정을 느낄 수 있다. 노래의 특성상 시의 핵심을 따와서 부르게 좋게 바뀐 점을 고려하면 좋겠다.

스페인어로 쓰인 시가 노래로 탄생한 데다 언어도 다르다. 그래서 원래 뜻과 감정에서 달라지는 부분을 감안해서 보아야 하는 것이 매우 안타깝다. 김소월의 시 〈진달래꽃〉의 일부분인 "영변 약산의 진달래꽃 사뿐히 즈려밟고 가시옵소서"에서 "사뿐히 즈려밟고 가시옵소서"를 영문으로 번역하면 "step on slightly when you pass by"이다. 게다가 '영변 약산'이라는 지명에서 한국인들이 느끼는 감정과 그 지역을 전혀 모르는 외국인들이 느끼는 감정의 차이를 '관타나모베이'라는 지역으로 대입해보자. 이런 차이점에서 오는 안타까움을 쿠바의 국민가요 〈관타나메라〉에 대입하면 될 듯하다. 그래서 〈관타나메라〉를 한국어로 해석한 노래 가사가 마음에 와닿지 않을 수도 있다. 호세 마르티의 시 원문을 읽어본 입장에서 쿠바 국민 정서를 공부하고 알아보고자 노력한 사람이자, 한국인으로서 나의 정서와 감정을 넣어 지극히 개인적인 해석을 덧붙여본다.

관타나에 있는 쾌활한 여인들이여
이 노래를 불러 희망과 행운을 사람들에게 전달해 주세요.
내 영혼의 시를 지치고 힘든 쿠바인들에게 내가 죽기 전에 바칩니다.
조국 독립에 불타는 열정을 다 바친 나는
산속을 헤매는 다친 사슴과 같은 쿠바인들에게
빨간 장미와 하얀 백합꽃에 내 마음을 담아 드립니다.
여러분에게 나의 마지막 행운을 전달해 드리고 싶어요.
관타나의 여인들이여 이 노래를 불러 희망과 행운을 사람들에게 전달해 주세요.

호세 마르티의 독립에 대한 염원이 반은 이뤄지고 반은 실패했다. 스페인은 갔지만, 미국이 관타나모에 남았다.

지도에 표시한 부분이 관타나모 지역이다.

Picture By Ana Laura Sanhez Portelles

'관타나모베이'라는 지역 이름은 관타나모 수용소가 세간에 알려지면서 익숙한 지명이다. 관타나모베이가 쿠바의 국민가요이자 제2의 애국가인 〈관타나메라〉라는 노래와 함께 쿠바의 400년 역사를 설명했다면, 관타나모 수용소는 이후 100년의 쿠바 근대사를 설명할 수 있다.

쿠바의 독립을 지원하던 미국은 아바나 항에서 미국 전함 메인호가 폭발한 것을 계기로 미서전쟁을 시작했다. 이 전쟁에서 패배한 스페인군이 파리 조약 이후 필리핀, 푸에르토리코, 쿠바를 미국에 넘겼다. 스페인군이 1898년 12월에 쿠바를 떠나자, 미군은 파리 조약에 의해 쿠바에

주둔한다. 이후 쿠바와 미국은 플랫수정(Platt Amendment, 당시 상원의원이었던 오빌 플랫(Orville H. Platt)이 법안을 냈고, 그의 성을 따랐다)을 작성해 동의하고, 미군은 1903년부터 관타나모베이 지역에 땅을 임차해왔다.

관타나모 수용소가 전 세계에 알려진 계기가 있다. 미국 월드트레이드 센터가 공격받은 9·11 이후, 부시 대통령이 관타나모의 미 해군 기지 내에 급조한 감옥 '캠프 엑스레이(Camp X-Ray)'가 그 시작이었고, 고문 받는 무슬림 수용자들의 사진이 언론에 공개되면서부터 악명 높은 수용소로 대중에게 알려지게 되었다. 이곳은 헌법자유구역(Constitution-free Zone)으로 쿠바가 주권을 가지고 있으나, 미국이 관할권을 행사하는 지역이다.

〈관타나메라〉는 미국에서도 유명한 곡

미국에서 피트 시거가 부르기 시작했고, 샌드파이퍼스가 불러 더욱 널리 알려졌다. 반전 운동가이자 저항적 포크의 거장 고(故) 피트 시거는 1963년 쿠바의 국민가요인 〈관타나메라(Guantanamera)〉를 앨범 〈We Shall Overcome〉에 수록하고 부르며 반전운동을 펼쳤다. 한국전에 참전했던 시거는 전쟁의 참혹함을 몸소 겪었고, 이로 인해 노래하는 반전운동가가 된 것이 아닐까.

〈관타나메라〉가 세계적 히트곡으로 유행한 것은 샌드파이퍼스가 노래를 부른 1966년부터다. 이후 유명 가수들이 이 노래를 불렀고, 우리나라에도 1970년대 이후 알려졌다.

쿠바의 인종구성

세계적으로 유명한 가수 글로리아 에스테판과 카밀라 카베요, 영화 〈007 노 타임 투 다이〉의 아나 디 아르마스, 한국에서도 활동한 야구선수 호세 미구엘 페르난데스와 아도니스 가르시아는 쿠바 출신이다.

쿠바는 원래 대략 25만의 Ameri-indian 즉, 원주민들이 살던 나라였다. 1492년 스페인 원정대가 도착한 후, 1511년 디에고 벨라즈케즈 드 쿠엘라는 스페인 통치자가 점령하면서 본격적으로 스페인 이민자들이 늘어났다. 스페인군이 쿠바로 들어와 대부분 학살당했다. 노동력이 필요해지자 노예 무역상들은 아프리카에서 흑인 노예들을 데려왔고, 현재의 인구 구성이 이루어졌다. 쿠바 정부기관(the National Office of Statistics of Cuba)에서 정리한 2012년의 자료를 보면 64.1%가 백인(대부분이 400년에 걸쳐서 건너온 스페인 이민자들), 흑인과 백인 간 혼혈과 원주민과 백인 간 혼혈이 26.6%, 흑인은 9.3% 정도이다. 이런 스페인과의 연결고리로 인해 쿠바인 중에 조부모가 스페인 사람이라는 사실이 증명되면 스페인 여권을 발급받을 수 있다.

쿠바의 음악과 역사

: '부에나 비스타 소셜 클럽'을 통해서 보는 500년 쿠바 역사

쿠바를 여행한다면 외국 관광객들이 꼭 가봐야 하는 장소 중 하나가 '부에나 비스타 소셜 클럽'이다. 쿠바 음악을 즐길 수 있는 곳. 술과 식사를 하며 음악과 춤을 즐길 수 있는 곳. 어떤 이는 은퇴 후에 꼭 가보리라 마음먹은 여행자들의 목적지(Traveler's destination) 중 하나이다.

'부에나 비스타 소셜 클럽'의 음악을 들어봤는가? 음악이 시작되는 순간 어깨가 들썩이고, 발이 바쁘게 움직이다 결국엔 일어나 춤을 추게 되는 음악이다. 음악을 듣다보니 이런 현상들이 나에게 일어났다. 가수들의 노래하는 목소리가 내 귓가를 거쳐 뇌 속에 남아 노래를 계속 흥얼거리고 있다. 피아노가 분명한데 내 영혼을 울게 한다. 현악기 베스(Bass)의 저음이 왠지 내 심장의 바닥을 긁는 것 같다. 익숙하지 않은 비트와 처음 들어보는 '딱딱' 소리, '빨래판을 긁는 듯한' 소리, '쓸어서 터는 것 같은' 소리. 이런 타악기들의 소리는 귓가에서 작은 울림으로 남아 박자에 보태진다. 분명 드럼 소리인데 콩가(Conga)는 뭔가 심금을 건드려서 가슴이 쥐어짜지는 듯하며 아프다. 기타 소리 같은데 러드(Laúd)는 뭔가 한결 더 경쾌하고 가벼우면서도 나를 깨우는 울림이 있다. 다른 기타 트레스(Tres)는 소리가 여러 갈래로 들린다. 이 모든 소리가 한데 어울려 나를 춤추게 하는 음악이 '부에나 비스타 소셜 클럽' 음반이다.

클라이브, 콩가, 젬베

러드(Laúd)

트레스(Tres)

사진 출처: 위키피디아

클럽이란 단어를 사전에서 찾아보면 명사로 취미나 친목을 목적으로 모인 단체이다. 즉 소셜 클럽(Social Club)은 사회계층이 모인 '사교 단체'이다.

'부에나 비스타'는 하바나의 가난한 흑인들이 모여 살던 동네 중 한 곳이다. '부에나 비스타 소셜 클럽'은 과거에 가난한 흑인들이 모여, 그들이 삶의 열정을 나누던 나이트클럽이었다. 쿠바의 1950년대는 '쿠바노 손 뮤직(이하 '손 뮤직'으로 통일)'의 황금시대였다. 이 음악은 산티아고 데 쿠바의 산자락에 잡혀있던 흑인 노예들이 서아프리카의 전통음악과 유럽의 음악을 적용해 만들어냈다. 현재 춤을 출 수 있는 음악들인 룸바, 맘보, 살사, 차차차, 재즈 등이 '손 뮤직'에서 비롯되었다. 음악에 대한 공과는 별개로 흑인으로서 오랜 기간 동안 인종차별을 받았다.

다큐멘터리 〈부에나 비스타 소셜 클럽〉에 쿠바의 역사와 음악, 그리고 쿠바의 토속 문화가 정말 잘 그려져 있다. 이에 쿠바 문화의 다양함을 다큐멘터리를 통해서 정리해 보기로 했다.

음반이 나오고, 바로 1999년에 〈부에나 비스타 소셜 클럽〉 다큐멘터리가 나왔다. 음반을 제작하는 모습을 필름에 함께 담으면서, 음반과 다큐멘터리를 동시에 만들었다. 2015년에 이 쿠바 뮤지션들은 미국 백악관에서 공연을 했다. 쿠바와 미국이 수교하기 바로 전 해였다. 2016년에 정식으로 수교를 하고, 쿠바에 걸린 엠바고(미국의 쿠바에 대한 무역 제재를 뜻하는 용어)가 풀렸다. 그리고 2017년, 두 번째 다큐멘터리가 나왔다.

첫 번째 다큐멘터리는 다시 곡을 연주할 아티스트들을 모으고, 멤버들을 소개하고, 공연을 보여주는 데 집중했다면, 두 번째 다큐멘터리인

〈부에나 비스타 소셜 클럽 2: 아디오스〉는 쿠바의 역사와 근대사적 의미를 접목하면서, 쿠바 흑인들의 이야기를 음악인들의 이야기와 함께 풀어나갔다. 50년대 쿠바가 인종별 계층별로 나뉘어 있었음과 동시에 쿠바인들의 근현대사를 음악과 함께 잘 보여줬다.

그래서 〈부에나 비스타 소셜 클럽〉의 주인공들인 뮤지션들의 이야기와 쿠바의 역사, 쿠바 각각의 인종구성별 경험과 증언, 거기서 보이는 쿠바인들이 살아온 관습과 문화를 함께 엮어본다.

너무 비장하게는 아니지만 그렇다고 너무 가볍지는 않게 쿠바의 역사, 근현대사, 피델 카스트로의 혁명과 미국의 엠바고로 인해 쿠바의 아티스트들이 살아온 격정의 세월을 존경의 마음을 담아 정리했다.

올드 하바나의 어느 골목
훨훨 나는 새 두 마리가 쿠바인들이 마음을 보여주는 듯하다. 어쩌면 나의 마음일지도 모르겠다.
하루 빨리 미국의 엠바고가 풀리고, 전 세계와 무역교류를 하면서 변화하는 쿠바를 보고 싶다.

▬▬ 쿠바의 500년

두 번째 다큐멘터리는 역사를 연도와 세기별로 정리해 해당 연도의 핵심만 짚어 역사를 정리하는 걸로 시작한다. 나는 거기에 역사적 의미가 있는 연도와 해석을 더해봤다.

스페인 식민지 이전의 시대

• 지금은 사라진 타이노(Taino)로 불리는 인디언 부족들이 살던 평화로운 섬 쿠바.

스페인 식민지 시대 시작

• 모든 인디언 부족은 식민지 군대에 의해 몰살되거나, 스페인군을 따라 들어온 병균으로 인해 전멸됨.
• 1500년대 아프리카에서 노예 도착.

1844년 '반격의 해(year of the lash)'

• 스페인 식민지통치의 폭정에 쿠바 주민들이 다 같이 들고 일어난 해.
• 1886년 흑인 노예제 폐지.

1880년대 '손 뮤직(Son music)'등장

• 유럽의 음악과 아프리카 쿠바 음악이 접목되며 '손 뮤직'이 쿠바의 동쪽, 산티아고 데 쿠바 쪽에서 시작됨(다큐멘터리에 정리된 '손 뮤직'에 대한 해설: 손 뮤직은 쿠바인들의 정신을 대표한다. 19세기 말에 흑인 노예들로부터 시작된 음악으로, 아프리카 곳곳에서 잡혀 온 그들이 아프리카와 유럽의 음악을 접목하며 생겨났다. '손 뮤직'은 남미의 트로피컬 뮤직의 모든 춤을 출 수 있는 음악의 뿌리다. 쿠바인들에게 음악은 음식과 같다. 힘겨운 시간을 지나면서 생성된 이 음악은, 그들에게 버티고 살아갈 수 있는 힘을 북돋워 주었다).

1895년 호세 마르티(José Martí)의 독립운동

• 쿠바의 국민 영웅이자 시인인 호세 마르티의 독립운동이 시작됨.

1899년 쿠바 독립

- 쿠바 독립. 그러나 미서전쟁, 즉 미국-스페인 전쟁이 쿠바와 필리핀에서 일어났다. 1898년에 스페인이 패배하면서 미국과 파리 조약을 맺었다. 이로 인해 스페인령에 속해있던 필리핀, 괌, 푸에르토리코, 그리고 쿠바가 미국으로 넘어갔다.

1900년대 아프리카 드럼 콩가(Conga) 사용 금지

- 콩가의 울림과 소리는 노예 시절의 아프리카 드럼의 소리로 기억되어, 사람들의 아픔이 되살아나는 소리라고 해서 사용금지령이 내려졌다.

1902년 미국으로부터 쿠바 독립

- 미서전쟁 후 3년간 미군정의 통치 후 쿠바 공식 독립. 그러나 미국 자본의 농장과 카지노를 비롯한 거의 모든 쿠바 경제는 미국의 주도권이 지속됨.

1903년 관타나모에 미 해군 기지 설치

- 관타나모의 미 해군 기지는 현재까지 미국이 지속적으로 관리함.

1922년 쿠바 라디오 '손 뮤직' 방출

- 섬 동쪽 지역에서 유행이던 음악을 라디오로 쿠바 전역에 울리게 함.

1940~1944년 독재자 바티스타 1기 폭정

- 1944년 선거에서 패배한 바티스타 미국 플로리다로 건너가 재집권의 기회를 노림.

1940년대 콩가(Conga) 다시 연주 시작

- 뮤지션 아세니오 로드리게즈(Arsenio Rodiriguez)가 '손 뮤직'에 아프리카 영혼의 소리를 가진 콩가를 다시 사용.

1950년대 쿠바 음악의 황금기

- 전 국민이 '손 뮤직'을 즐기는 시대였다. 〈부에나 비스타 소셜 클럽〉 다큐멘터리에서는 황금기에 대해 이렇게 평했다. "비록 정치적으로 불안정한 시기였지만, 독재자 바티스타와 미국 마피아들이 카지노와 호텔을 많이 지어서 음악을 공연할 장소가 많았다. 이것이 50년대를 쿠바 음악의 황금기라고 부를 수 있는 이유이다. 즉, 독재자 바티스타의 폭정과 부정부패, 사유재산 축재로 쿠바 국민들은 고난의 시기를 겪고 있었음에도 음악만큼은 황금기였다."

1952년 바티스타 쿠데타로 재집권

- 폭정 다시 시작, 헌법을 무시하면서 국가 경제의 사유화로 막대한 사유재산 착복. 쿠바 혁명 이후 해외로 도피한 그는 폭정으로 모은 사유재산을 가지고 행복하고 부유한 말년을 지내다 1973년에 스페인에서 사망.

1953~1959년 피델 카스트로의 혁명 성공

- 이후 쿠바의 교육과 의료를 비롯하여 각 분야의 공공 사업화 진행.

1961년 쿠바-미국 국교 단절

- 쿠바에 진출해 있던 미국 마피아들의 카지노 강제 폐업은 물론, 미국 기업들의 자산 몰수로 인해 국교 단절 시작. 미국의 대쿠바 무역 봉쇄, 엠바고 진행(수출입, 여행, 송금, 금융 등에 대한 포괄적인 제재). 오바마 정권 때 국교 수교를 시작으로 엠바고가 해제되었으나, 후에 트럼프 정권 후 엠바고 다시 시작.
- 1997년 50년대의 손 뮤직(Son Music) 스타들로 구성된 부에나 비스타 소셜 클럽의 앨범(런던에서 녹음)이 발매된 후 전 세계에서 50만장 이상의 앨범 판매.
- 1998년 네덜란드 암스테르담에서 첫 라이브 공연, 몇 달 후 미국 카네기홀 공연.
- 1999년 첫 번째 다큐멘터리 〈부에나 비스타 소셜 클럽〉 상영.

2001년 미국 9·11 테러 발생

- 쿠바 관타나모베이에 있던 미 해군 기지에 비밀 감옥 시작. '부에나 비스타 소셜 클럽' 멤버들의 미국 비자 발급도 불가. 향후 그래미시상 수상식 참가 불가능.
- 2003년 쿠바 최고 문화상(Cuba's Highest cultural Honor, the order of Felix Varela) 가수 이브라힘, 오마라 그리고 피아니스트 루벤, 쿠바의 최고 문화상 수상

- 미국의 25주년 백악관 주최 히스패닉 교육주간(the White House Initiative on Educational Excellence for Hispanic)에 초청되어 공연.

2016년 미국 전 대통령 오바마 쿠바 방문

- 라울 카스트로 만남. 쿠바 미국 수교. 엠바고 정지.
- 2017년 두 번째 다큐멘터리 〈부에나 비스타 소셜 클럽 2: 아디오스〉 상영.

과거에는 바티스타의 궁전이었던 혁명박물관 2층에서 찍은 사진
쿠바 역사의 한 자락을 고스란히 담고 있다.
혁명 당시에 사용되었던 탱크, 무너진 탑, 각종 올드카, 호세 마르티의 동상까지 한 눈에 보인다.
호세 마르티의 동상, 그 뒤로는 막시모 고메즈 장군의 동상, 그리고 라 바히아(la Bahia) 베이가 보인다.

쿠바의 탈 것들

자전차: 쿠바에는 사람이 자전거에 주된 동력이라고 부를 만큼 자전거를 개조한 모습의 탈 것이 많다. 5CUC(쿠바는 화폐 종류가 두 가지가 있다. 외국인용 화폐 CUC, 1CUC당 1달러로 여기면 편하다. 내국인용 화폐는 CUP. 내국인들 사이에서는 페소라고도 부른다)를 내면 탈 수 있다.

쿠바 시민들이 타는 대중버스, 도시마다 버스의 디자인, 차종이 다 제각각이다

말이 끄는 마차도 쿠바 시민들의 대중교통 수단이다.

어린이들이 놀이기구 대신 염소마차를 즐긴다.

사람이 한 명 더 앉을 수 있도록 오토바이 개조했다. 쿠바인들의 손재주가 돋보인다.

쿠바에서는 자전거와 오토바이가 자동차보다 더 나은 교통수단일 수도 있다. 베네수엘라가 국운이 기울고 나서부터 미국이 석유 원조를 조절하고 있기 때문이다. 그래도 차가 있다면 택시 영업이 가능하다는 장점이 있다.

동물들을 위한 간식 준비하기

어디를 가도 만나는 주인 없는 동물들. 배가 고파 졸아든 그들의 배. 먹을 것을 구하기 위해서 언제나 사람들 눈에 띄는 곳에서 주변을 지키는 그들. 먹을 것을 꺼내는 순간 최고의 친구가 된다. 두 번째 방문부터는 동물들 주려고 일부러 먹을거리를 준비해서 다녔다. 동물들의 건강을 생각해서 소금기 없는 빵을 준비했건만 고기가 아니라고 외면하던 개님들과 생선이라도 찾는지 도통 무심한 고양이님들을 보며 속이 탔다. 사흘에 피죽 한 그릇도 못 먹은 듯 축 처진 모습들에 마음이 편치 않았다. 다음부턴 애완동물용 건강 간식을 준비해 가려고 마음먹었다. 여행 시 곳곳에서 만나는 강아지와 고양이들을 위해 건강한 간식을 준비해보자.

■■ 격동의 쿠바 근현대사를 관통한 음악인들

다큐멘터리를 통해 본 쿠바의 근대사로 쿠바 사람들을 이해할 수 있었다. 한국 문화와 통하는 보편성을 찾을 수도 있었고, 어려움을 견뎌내고 이겨나가는 음악인의 끈기에서 한국인의 지구력도 볼 수 있었다. 또한, 음악이 사회와 정치로 인해 어떤 영향을 받았는지도 보였고, 흑인 가수들의 인생 역전과 승리는 다시금 많은 것을 생각하게 했다. 잊힌 음악으로 역사의 뒤안길에 한숨짓던 그들. 수십 년 만에 다시 연주하고 노래할 수 있게 된 그 순간 그들이 느꼈을 전율을 함께 느꼈다. 다들 80세를 오가는 뮤지션이지만 활기가 넘쳐흐르는 생생한 공연들, 무대에서 훨훨 나는 그들을 보며 지난 반세기 동안의 회한이 불타 상쇄되는 것 같았고, 열광하는 관중을 바라보는 이브라힘의 눈빛에서 다사다난했던 그의 평생이 파노라마처럼 스쳐 가는 것이 보였다.

❶ 아세니오 로드리게스(Arcenio Rodriguez, 1911~1970)

아세니오는 '손 뮤직'을 처음으로 엮어 라디오로 송출시킨 장본인이다. 아프리카의 소리인 콩가를 재사용하기 시작하면서 쿠바 전역을 '손 뮤직'의 열정으로 채웠다. 그로 인해 춤을 출 수 있는 모든 라틴 음악의 기초가 탄생했다. 피아니스트 루벤이 같이 활동한 적이 있었지만, 그는 59세에 사망했다.

❷ 이브라힘 페레르(Ibrahim Ferrer Planas, 1927~2005): 남자 보컬

혁명 후 가장 힘들고 가난하게 살아온 그. 구두를 닦으며 긴 세월을 버렸다. 아버지는 일찍 돌아가셔서 기억도 없는 듯하고, 이브라힘이 12살이 되던 해에 어머니마저 돌아가신 후, 고아가 되었다. 산티아고 데 쿠바의 산 루이스에서 태어나고 자란 그는 어머니마저 돌아가시자 학교도 못 가고, 화물선박장에서 사탕수수 포대를 나르며 생활했다. 그리고 꿈을 이루기 위해 더 큰 도시 하바나로 향했다.

손 뮤직이 가장 잘나가던 50년대. 리드싱어는 언제나 백인이었다. 흑인인 그는 두 번째 줄에서 화음을 넣는 뒷줄 싱어였다. 그러다 가끔 백인 리드싱어가 앞줄로 불러줄 때만 무대 중앙으로 나오는 처지였다. 이브라힘은 작사와 작곡, 즉흥 작사까지 가능한 다재다능한 가수였지만, 2등 가수로만 활동했던 것이다. 그는 노래를 그만두게 된 시대적 상황을 이렇게 설명했다. "손 뮤직이 사람들의 뇌리에서 잊혀지고, 재즈와 록 음악이 들어오며 끊임없이 다른 종류의 음악들이 해외에서 유입됐다. 노래를 부르던 클럽이 폐쇄된 후, 낙담 속에서 스스로 실패자로 낙인찍고 괴로워하며 살았다."

쿠바 혁명이 성공한 후, 예술가와 음악가를 A그룹, B그룹, C그룹으로 분류해 월급을 주는 방식이 행해졌다고 한다. 그렇다면, 이브라힘이 뒷줄에서 화음을 넣던 가수여서 어느 그룹에도 속하지 못했거나, 그 시간과 장소에 찾아가지 못했었나 하는 짐작이 든다. 1960년대에 잠시 있었던 일이지만 미국에 사는 쿠바 사람들에게 들어보면, 몇 년 동안은 서양 음악을 들으면 감옥에 가는 일도 있었다고 한다. 그 정도로 서양음악이 물밀듯이 들어왔다는 것을 짐작할 수 있다.

천부적인 음악인이었던 그는 구두닦이로 분노와 절망에 찬 40년을 지냈다고 한다. "나는 절망으로 가득 찼었고, 음악도 싫었고, 더 이상 살고 싶지도 않았어." 1996년, '후안 드 마르코스(Juan de Marcos, 다큐멘터리의 화자)'가 갑자기 찾아와서는 음악에 대단히 절망하고 실망하며 40년을 보내 더 이상 노래를 부르고 싶지 않다는 그를 설득했다. 당장 떠나야 한다고 재촉해서 세수만 간신히 하고 그길로 따라나서 바로 녹음을 시작했다. 다시 노래 부르면 돈을 준다는 말에 따라나섰다고 한다. 피아니스트 '루벤'은 녹음실에 들어선 그를 보자마자 바로 노래 '칸델라(Candela)'를 치기 시작했고, 그렇게 그는 다시 노래를 불렀다. 작사·작곡이 가능한 천부적인 음악인이자 감미로운 목소리를 가진 그. 그러나 흑인이어서 과거 50년대에는 뒷줄에서만 2등 가수로 노래했다. 그러나 그의 나이 80세엔 가장 맨 앞줄에서 리드싱어가 되어 전 세계 순회공연을 했다.

이브라힘의 인생 역전은 고아가 되면서 본격적으로 시작됐다. 12살에 고아가 될 그를 두고 돌아가실 때 어머니는 얼마나 안타까웠을까? 어머니가 돌아가셨던 당시 상황은 어린 나이에 고아가 된 이브라힘에게 잔인했다. 1920년대 쿠바는 노예제가 사라졌다고는 하지만, 흑인 노예 문서가 여전히 누군가의 서랍 깊숙이 보관이 되어있는 시대였다. 흑인 차별이 극명했으며, 혼자 남아 고아가 될 12살 남자아이의 자존감은 바닥을 칠 것이 분명했기 때문에 어머니는 이브라힘을 두고 편히 눈을 감을 수가 없었을 것이다.

어머니는 그에게 두 가지를 남기고 돌아가셨다. 아프리카에서 왔다는 까만 지팡이와 수호신. 그 까만 지팡이의 끝에는 아프리카인의 얼굴이 새겨져 있다. 그가 항상 품에 지니고 다니던 어머니의 유일한 유품이

자 그의 분신이다. 어머니는 지팡이에 얽힌 이야기를 함께 남겼다(1920년 대 어머니가 이브라힘에게 전해준 이야기. 토속 문화의 단면을 볼 수 있는 기회라 여기고 다큐멘터리에서 들은 그대로 옮겨본다).

"나의 할아버지는 한때 산티아고 데 쿠바, 프랑스 지역구의 대장이셨어. 할아버지는 '엘 쿠쿠예(El cucuye, 도깨비의 한 종류)'라고 불렸지. 아프리카에서 대표 신사단이 그를 만나러 왔었대. 그 신사단의 한 여인과 친해진 우리 어머니. 여인이 아프리카로 돌아가기 전에, (아프리카인의 얼굴이 새겨진) 이 지팡이를 선물해 주고 갔대. 나는 어머니가 돌아가신 이후로 내 품에 항상 지니고 다녀."(그 시절에 아프리카에서 왔다가 돌아간 아프리카인들이 얼마나 있었을까? 노예제는 폐지됐지만, 흑인은 뱃삯은 물론이고 배편도 구하기가 힘들었을 시절이다. 그렇다고 아주 불가능한 것은 아니었다. 흑인 노예들이 해방된 후 아프리카로 돌아가 세운 나라가 있다. 바로 '라이베리아(Liberia)'이다.)

까만 지팡이가 그를 지켜주는 유형의 것이었다면, 정신적으로 지켜줄 무형의 수호신도 남겨줬다. "우리 어머니는 항상 '성 라자루스(St. Lazarus)'께 기도했거든. 그래서 나도 내 가슴속에서 계속 믿어왔어. 그는 거지와 가난한 자들에게 길을 열어주고 인도해 주는 신이야. 나는 아직도 항상 재단에 꿀과 꽃을 바치고, 초를 켜고, 향수도 왕창 뿌리지. 맛있는 음식도 있으면 재단에 바치고. 내가 좋아하는 음식과 술은 성 라자루스도 좋아할 것 같아서 언제나 재단에 올려놔. 그래서 럼주도 여기 올려놨잖아." 힘든 시간을 보낸 그의 마음을 다잡아준 수호신이었다.

그가 만든 〈My Lazaro(나의 성인 라자로)〉 노래가 있다.

"나는 카라벨리에서 왔지, 아프리카에서 온 흑인,

자유 없인 살 수 없지, 백인이 내 마음을 짓밟고, 괴롭혀 몸이 약해졌지.

(후렴구) 나는 카라벨리, 나는 만딩가, 나는 자유를 원하지"

이브라힘이 한 말 중에 계속 뇌리에 남는 말이 있다. 그 말이 내가 보고 겪은 쿠바인들 그 자체라서 그런 듯하다. "우리 쿠바인들은 매우 특별하지. 작은 나라이지만 매우 강인해. 우리는 좋은 시간이든 나쁜 시간이든 어떻게 버티는지 잘 아는 사람들이야. 좋은 결과가 나온다면 아무리 늦어도 늦은 것이 아니거든 "

그는 마지막 공연에서 두 곡마다 산소 호흡기를 써야 했지만, 포기하지 않고 끝까지 공연했다. 모든 걸 쏟은 4일 후, 그는 마지막 숨을 거두었다.

2등 가수였던 그는 부에나 비스타 소셜 클럽이 다시 결성되고 나서 정중앙 첫 번째 줄에 선 리드싱어로 다시 시작했다. 그리고 마지막 순간까지 최선을 다해 공연했으며, 한줌의 영혼까지 다 불태웠다. 2015년, 그의 조국 쿠바에서 예술인에게 부여하는 최고상을 그에게 수상하며 그는 인생 최고의 순간을 맞았을 것이다. 그의 마지막 8년은, 절망의 나락에서 살았던 40년 인고의 시간을 상쇄하고도 남았으리라 본다.

미국 전 대통령 존 F. 케네디와
쿠바 가톨릭

존 F. 케네디(이하 JFK)가 '피그스 만 침공(Bay of Pigs Invasion)'을 감행했었다. '피그스 만 침공(Bay of Pigs Invasion)'은 JFK와 CIA(미정보국)가 국회의 승인을 받지 않고, 1961년 4월에 쿠바 출신 민병대 1400명을 쿠바 피그스 만에 투입시켜 피델 카스트로를 제거하려다 1000여 명이 포로가 되고 실패한 작전이다.

하바나 성당(Havana Cathedral)

JFK의 공격은 실패했다. 가톨릭 사제 4명이 이 작전에 참가했고, 이 때문에 이후 쿠바에선 가톨릭 재산을 몰수하고, 교회 탄압이 더 강화되었다

무수히 많은 이야기들이 있으나, 여기에서는 사실만 나열해 본다. JFK는 아이리시 계열 가톨릭이었다. 미국 언론은 미국 역사상 처음으로 기독교 신자가 아닌 대통령의 당선이라고 대서특필했다. 쿠바의 어린이들을 미국으로 데려오는 '피터팬 작전'에서도 가톨릭 사제가 앞장서서 진행했다. 대부분의 쿠바 어린이들은 가톨릭 신자들이었다. 피그스 만 침공으로 미국과 쿠바의 관계는 돌이킬 수 없는 강을 넘었고, 이후 계속 시도되는 카스트로 암살 시도로 인해 미국과 쿠바의 관계는 악화일로를 걷게 된다.

아이러니한 점은 혁명 성공 직후 피델 카스트로는 미국 워싱턴을 방문해 지도자들을 만나고 워싱턴 D.C.에 있는 링컨 기념관에 꽃을 헌정하며 좋은 관계를 시도했었다는 것이다. 의회의 승인도 없이 쿠바 공격을 강행한 JFK에게 큰 의문이 남는다. 무슨 속사정이 있었기에 그렇게 무리한 시도를 강행했던 걸까? 공식문서로는 존재하지 않지만 무성한 소문이 돌았던 마피아와 쿠바의 카지노 미국 소유주들에 대해 생각하지 않을 수가 없는 시점이다.

정보

피터팬 작전

피터팬 작전(Operation Pedro Pan)이라고 불렸던 이 작전은 1962년에 14,000명의 쿠바 어린이들을 미국으로 탈출시키는 작전이었다. 어린아이들만 미국으로 보내진 터라 개개인의 안타까운 사연들이 많다. "미국서 만나자, 엄마도 금방 갈게."라며 11살 아들만 비행기에 태워 보내고, 미국서 고아가 된 자서전적 이야기가 담긴 책을 잠깐 소개한다. 혼자 덩그러니 고아가 되어 플로리다의 골목을 방황했던 사연과 몇 달 후 간신히 일리노이에 살고 있던 삼촌을 찾은 후에 예일대를 졸업하고 교수가 된 카를로스 아이어(Carlos Eire). 그의 자전적 이야기를 책으로 출판했다. 책 제목은 『Waiting for Snow in Havana: Confessions of a Cuban Boy』. 내용을 보면 비행기에서 미국에 내린 순간부터 어린 남자아이에게 무슨 일이 일어났는지, 미국에서의 인생은 어떤 우여곡절을 겪고 살았는지가 잘 그려져 있다. 그는 2003년에 미국에서 내셔널 북 어워드(National book award)를 수상하기도 했다.

이 작전은 JFK가 했다는 소문이 무성하였으나, 공식적으로는 웰시 신부님(Bryan O. Walsh)이 가톨릭 복지 부서(Catholic Welfare Bureau)의 일원으로 쿠바 어린이들을 모으고 교통수단을 제공하는 프로그램을 만들었다는 증언이 신문 '쿠바 저널'에 나왔다.

---

❸ 루벤 곤잘레스(Ruben Gonzales y Fontanills): 피아니스트

　　루벤이 다큐멘터리에서 한 말을 그대로 옮겨본다. "나는 1919년에 산타클라라에서 태어났어. 7살에 처음 피아노를 보고 혼자서 쳤어. 어머니가 재능을 알아보시고는 시엔푸에고스에서 피아노 선생님을 데려오셨지. 8년 레슨을 받고 선생님은 내가 훌륭한 피아니스트가 될 거라고 하셨어. 아세니오가 그의 밴드에 피아노 치는 사람이 관뒀다며 나를 불렀는데, 그후 아세니오와 4년을 함께했어. 처음 만났을 때 나를 볼 수 없으니까 내 얼굴을 더듬더듬 만지더니 대뜸, "예쁘게 생겼구나, 엘 보니또" 그렇게 내 별명이 생겼지. 내가 피아노를 연주하면, 아세니오가 다시 직접 연주하며 "이렇게 해봐. 아니, 그렇게 말고 이렇게 하면 더 나을 건데."라고 하며 나를 이끌어줬어. 그렇게 손 뮤직의 대가 아세니오에게 직접 전수받았어."

❹ 엘리아데스 오초아(Eliades Ochoa): 기타연주자

　　엘리아데스는 산티아고 데 쿠바 출신이다. 그는 스스로 자신의 정체성을 이렇게 설명했다. "나는 아프리카와 쿠바가 섞인 스페인 사람이다." 아마도 할아버지와 할머니 대에 스페니쉬, 흑인, 메스티조 등의 다른 인종들이 어우러지면서 그가 태어남을 이렇게 표현했으리라. 육남매의 주린 배는 천생 가수인 엘리아데스가 홍등가에서 쿠바식 기타를 연주하며 노래를 부른 대가로 해결했다. 산티아고 데 쿠바에서 지역으로 동쪽를 향해 이동하며 담배농장 등지에서 돈을 벌어가며 도착한 기회의 도시 하바나였다. 그는 후에 콤파이 세군도와 듀엣을 결성해 노래를 부르며 더욱 유명해졌다.

❺ 카차이토 로페스(Cachaito Lopez): 현악기 베이스 연주자

카차이토 로페스가 다큐멘터리에서 말한 그대로 인용하겠다. "나는 바이올린이 좋았지만, 가족 대대로 베이스를 연주한 연주 전문 가족 출신이라서, 할아버지의 강권으로 9살이라는 어린 나이부터 베이스를 배우기 시작했어. 가족 중에 30명의 연주자가 있고 고모는 직접 연주단을 꾸려 공연하기도 했어. 나에게 곡을 연주한다는 건 게임을 하는 것과 같아. 재미있고 쉬워. 여러 클래식 장르를 섭렵했고, 여러 오케스트라단에서 연주했어. 그리고 피아니스트 루벤을 만났지." 그렇게 그는 손 뮤직의 뮤지션으로 1950년대를 풍미하다가 1998년에 '부에나 비스타 소셜 클럽'이 재결성되고 다시 연주하게 되었다.

❻ 바바리토 토레스(Barbarito Torres): 쿠바 전통기타 러드 연주자

바바리토는 10살부터 러드를 배웠다. 어느 순간 전통연주에서 다른 시도를 시작했다. 컨트리 음악과 접목이 시작되고, 펑크, 락 같은 것도 접목을 시도했다. 사람들이 그를 러드(Laud)의 지미 핸드릭스라고 부르기 시작했다.

❼ 콤파이 세군도(Compay Segundo): 작사·작곡을 한 싱어송라이터, 쿠바의 대표 국민 가수, 대표곡 〈찬찬(과 화니타)(Chan Chan(y Juanita))〉

콤파이 세군도는 쿠바의 노래하는 시인답게 다큐멘터리에서 호세 마르티의 명언을 자주 인용했다. "나는 호세 마르티가 말한 사람이 꼭 이

뭐야하는 세 가지를 다 실천했어. 나무를 심었고, 아이를 키웠고, 책을 썼어. 이런 것들을 다 이뤘으니 난 내 할 일을 다 했어."

이런 말도 했다. "사랑이 없다면 꽃은 시들어버리고, 키스가 없으면 사랑은 사라질 거야." 그는 2003년 죽기 2주 전까지 공연했다. 손 뮤직과 시작한 그의 인생은 평생을 손 뮤직과 함께했다.

❽ 오마라 포르투온도(Omara Portuondo): 리드싱어

오마라는 부잣집 딸이었던 백인 어머니와 부모님 집에서 일하는 흑인 가사도우미의 아들이었던 아버지 사이에서 태어난 혼혈인 뮤래토(Mulatto)이다. 어머니와 아버지는 어렸을 때부터 인종 상관없이 같이 뛰어놀았고 사랑에 빠졌다. 이제는 역사 사료가 된 할아버지의 흑인 노예 문서를 그녀가 고이 보관하고 있다. 흑인과 결혼한다고 해서 어머니 집에서는 어머니와 의절했다. 그녀의 아버지는 바르톨로 포르투온도(Bartolo Portuondo)이다. 그녀의 아버지는 미국에도 진출해, 쿠바 야구를 선보인 유명한 야구선수였다. 아버지는 점심을 먹은 후 어머니와 노래를 부르며 고즈넉하게 시간을 보내는 것을 즐겼다고 한다. 아버지의 노래에 맞춰 화음을 넣기도 하면서 노래를 부르는 오마라를 보고 그녀의 아버지는 "우리 딸, 가수 하면 잘하겠다."라고 말했다고 한다. 아버지는 그녀의 재능을 알아봤던 듯하다. 그때 아버지와 함께 불렀던 노래 〈베인테 아노스(Veinte Anos)〉는 그래미 상을 받은 곡이다.

어렸을 때 발레리나가 되고 싶어서 매해 테스트를 치렀고, 훌륭한 재능을 보여줬지만, 발레학교 입학은 번번이 좌절되었다. 자신이 흑인이었기 때문이라고 그녀는 말했다. 그렇지만 노래는 달랐다. 누구나 노래를 할 수 있었다. 그래서 그녀의 언니 하이디(Hydee)와 함께 사중창단을 결성해 1952년부터 활동을 시작했다. 사중창단은 인기가 좋았다. 미국 담배 광고 노래도 불렀다. 그러던 중 오마라의 언니는 어린 자녀들을 미국으로 탈출시키는 '피터팬 작전'에 딸을 보냈고, 딸에 대한 그리움을 이기지 못해 쿠바로 돌아오라고 애원했다고 한다. 딸이 끝내 거부하자 언니가 미국으로 망명했고, 사중창단은 해체 수순을 밟았다. 오마라는 "정말 끔찍한 일이었다. … 사람들을 다 통제할 수는 없어."라고 하며 카메라를 응시했는데, 눈빛으로 복잡한 심경을 전달했다.

언니가 떠난 후, 오마라는 1967년부터 솔로로 노래를 부르기 시작했다. 혼자가 된 그녀는 카스트로의 혁명군을 위해 노래를 하기도 했으며, 베트남, 중국, 한국에서도 공연했다. 역사의 뒤안길에서 스스로 패배자라 여기며 구두 닦는 생활을 했던 '이브라힘'과는 대조적인 행보이다. 가수로서 둘을 비교하자면, '오마라'는 흑인 여성으로만 구성된 여성 사중창단을 이끄는 리더의 역할이었기 때문에 언제나 그녀의 이름도 함께 내세워졌던 가수였다. '이브라힘'은 백인이 리더인 밴드의 뒷줄에서 화음을 넣는 경우가 많았기 때문에 아무리 노래를 잘해도 지명도나 주목을 받는 빈도의 수가 떨어진다. 여기서 오는 차이 때문에 쿠바 혁명 이후 두 가수의 행보가 달라질 수밖에 없지 않았나 하는 짐작을 해본다.

오마라는 호세 마르티의 말을 인용하며 그녀의 노래에 대한 열정을 이렇게 전했다. "호세 마르티는 이렇게 말했어. 음악은 사람들의 영혼이라고. 맞아, 내 영혼은 음악이야. 스페인 사람들에 의해 노예로 끌려왔지만, (영혼에) 아프리카 뿌리가 (노래로) 살아남아 쿠바 리듬에 녹아들었고 내 영혼에도 스며들었지. 그래, 사람을 죽일 수 있어. 하지만 (다음 사람들이) 노래를 계속 이어받아서 부르게 하는 건 막을 수 없어…. 나는 죽을 때까지 노래할 거야." 2017년 두 번째 다큐멘터리 〈부에나 비스타 소셜 클럽2: 아디오스〉 속에서 그녀는 계속 노래하고 있다.

두 번째 다큐멘터리에서는 '부에나 비스타 소셜 클럽' 주인공들의 마지막 모습, 장례식이 그려졌다. 쿠바 역사의 산증인이었던 그들이 이제는 하늘의 별이 되었다.

▰ 산티아고 데 쿠바(Santiago de Cuba)

춤출 수 있는 모든 라틴음악(룸바, 맘보, 차차차, 삼바 등)의 리듬의 기초가 되었다는 '손 뮤직'이 태동했다는 산티아고 데 쿠바.

지도에서 까만 시역이 쿠바의 제2의 도시 '산티아고 데 쿠바'이다.

손 뮤직을 태동시킨 장본인들인 흑인 노예들이 머물던 산지가 이곳에 있다. 부에나 비스타 소셜 클럽의 원년멤버들인 콤파이 세군도, 엘리아데스 오초아, 이브라힘 페러 플라나의 고향이기도 하다. 쿠바에서 하바나 다음으로 큰 도시이다. 스페인군이 쿠바를 침략했을 때 이곳 산티아고 데 쿠바에서부터 정착촌을 만들어 나가기 시작했다. 그래서 이곳에는 스페인 풍의 건물이 많다.

혁명광장 동상(Antonio Maceo)
레볼루션 플라자(Revolution Plaza)에 있는 브론즈 타이탄(the Bronze Titian)이다.
동상의 주인공인 안토니오 마세오 장군은 스페인 식민지군에 맞서 용맹하게 싸운 쿠바의 독립전쟁 장군이었다. 그의 삶을 들으며 우리나라 역사에서 이순신 장군과 김좌진 장군이 떠올랐다.

이 지역 건물들은 유네스코에 등재된 스페인양식 건물 보존구역이다.
그래서 스페인 풍 건물 앞면을 반드시 보존해야 한다.

이 도시엔 쿠바의 김구 선생이자 윤동주 시인인 '호세 마르티'가 잠들어
있고, '피델 카스트로'도 안장되어있는 국립묘지(Santa Ifigenia Cemetery)가
있다. 다음 사진은 호세 마르티 기념비이다.

호세 마르티 기념비

산티아고 데 쿠바는 쿠바에서 두 번째로 큰 도시이다. 우리나라 부산에 견줄만하다. 스페인 정복군이 처음으로 정복군 마을을 지어서 정착하며 서쪽으로 마을을 지어나갈 때도 이 도시에서 시작했다고 한다. 역사에서 가장 바빴던 항구이기도 했고, 1953년도 카스트로의 바티스타에 항전이 실패한 몬카다 병영(Moncada Barracks)이 있는 도시이다. 카스트로가 몬카다 병영 습격에서 실패한 후 재판에서 "역사는 날 용서할 것이다."라는 말을 했던 곳이다. 그는 감옥에서 수감생활을 하다가 추방되었다. 그래서 피델 카스트로가 멕시코에서 체 게바라와 만나게 되었던 것이다. 그 이후 함께 쿠바로 들어와 혁명 작전을 함께 수행했으니, 체 게바라와 만날 수 있게 한 첫 번째 장소라고 부르고 싶다. 현재는 학교 건물로 사용되고 있다.

쿠바에서 사진을 찍을 때 알아야할 점

쿠바는 대부분의 장소에서 돈을 내야 찍을 수 있다. 건물 안으로 들어간다면 대부분 사진 찍는 비용을 내는 곳이 있다. 쿠바를 방문한다면 사진을 찍어도 되는지 물어보고, 사진 찍는 돈 5CUC(5달러)를 내라면 그렇게 하자. 쿠바의 규칙이다. 사진 찍을 땐 정자세로 서서 공손히 찍어야 함도 기억하자. 만약에 각도를 위해서 쭈그려 앉으면, 장소에 따라서 군인이 달려와 호통을 칠 수도 있다. 쿠바에선 불손한 자세로 받아들인다. 특히나 국립묘지에서는 국민 영웅에 대한 예의를 갖추어야 한다는 점 때문에 더욱 엄격하다.

몬카다 병영

피델 카스트로의 쿠데타 실패 원인 중 하나였던 트럭이 건물 뒤편에 전시되어 있다.

복도에 있던 디즈니 캐릭터들

　(과거 몬타나 병영이었지만) 학교로 사용되고 있는 이 학교의 복도 벽에
는 디즈니 캐릭터들이 그려져 있었다. 이 캐릭터들은 선생님들이 직접
그린 것인데, 디즈니 캐릭터들이 시사하는 점이 있다. 쿠바의 문화가 이
만큼 개방되었다는 점이다. 적의 언어라고 영어도 배우지 않던 쿠바가
변화했다는 것을 시사한다. 또한, 즐겁게 학교를 올 학생들을 위해서 프
린터도 없이 손수 그린 선생님들의 마음이 엿보인다.

　다음의 사진들은 1학년 교실이다. 교실의 뒤쪽 벽에는 칫솔과 빗이
가지런히 정리되어 있다. 학교에서 얼마나 세심하게 어린 학생들을 챙기
는지 알 수 있었다. 벽에 붙어있는 모든 것으로 알아볼 수 있는 것이 꽤
많았다. 선생님들의 열정, 컴퓨터와 프린터의 공급 상황(벽에 붙어 있는 모

든 것이 다 수작업품인 걸로 짐작하건대 컬러프린터는 초등학교에 없는 걸로 추정한다), 학용품 공급 상황, 미술용품 공급 상황, 칫솔과 빗으로 알아볼 수 있는 생활 교육 내용까지 보였다.

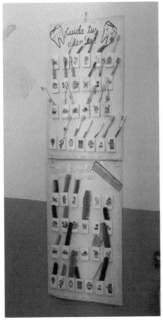 

학생들의 이름과 함께 정리된 칫솔과 빗　　　알파벳 모음 설명

오초아는 산티아고 데 쿠바의 산악지대에 모여 살던 흑인 노예들로 인해 '손 뮤직'이 시작되었으며(그들의 고향 아프리카의 음악을 적극적으로 활용해 유럽의 리듬을 녹인 '손 뮤직'이 태동), 피델 카스트로의 혁명군도 이곳에서 출발해 하바나로 향했다며 은근히 고향에 대한 자부심을 드러냈다. 레벨 퀸텟(Revel Quintet)이라고 불리던 오중주단은 카스트로 혁명군의 사기진

저 멀리 보이는 산이 손 뮤직이 태동한 곳. 북남미로 노예무역상에 팔려나가기 전에 흑인 노예들이 기거하던 산. 배가 보이는 그 항구로 잡혀 왔다가 팔려나갔을 것이다.

작을 위해 조직되어 연주했다고 한다. 쿠바의 유명한 곡을 활용해 가사만 개사해서 프로파간다(propaganda, 공산주의를 위한 선전선동)에 적극적으로 활용되었다고 하는데, 이에 대한 뮤지션들의 경험과 증언을 전한다.

　오마라는 "혁명군이 승리하자 모든 사람이 길거리로 쏟아져 나와 축하하며 환호성을 질렀지. 카스트로가 자신의 인생을 포기하면서(카스트로의 혁명이 한 번에 성공한 것이 아니었다. 초창기에 혁명에 실패하면서 감옥 생활과 추방의 기간이 있었다) 쿠바 사람들을 위해 혁명을 했는데, 혁명군을 지지할 수밖에 없지. 우리가 노예가 되고 싶어서 된 게 아니잖아. 우리에게 주인 따위 필요 없어."라고 말했다.

　카스트로는 인종차별정책을 철폐하기 시작하면서, 인종별로 운영되었던 인종차별의 상징인 소셜 클럽들을 모두 닫았다. 평등한 사회를 만들기 위해 노력했던 정책들을 진행했다. 콤파이 세군도가 전하길 "사람들이 카스트로에게 물어본 적이 있어. 소셜 클럽들 철폐하면 음악은 어떻게 하냐고 물어보니 이렇게 대답했다네. 모든 이들이 혁명과 함께 춤을 추고 싶다면 계속해야 하지 않을까?" 그리고 문체부(Ministry of Culture)에서 아티스트들을 평가한 후 등급을 주고 월급을 지급했다고 한다.

소셜 클럽이 폐지되면서 손 뮤직은 잊히게 되었다. 이후 가장 힘든 생활을 했던 '이브라힘'은 "쿠바 음악은 완전히 잊혀지고 재즈와 록 음악이 등장했지. 끊임없이 새로운 음악들이 들어오면서, 나는 더 이상 설 곳이 없어졌어. 완전한 낙오자가 된 것 같았어."라고 말했다. 그리고 '부에나 비스타 소셜 클럽'이 다시 조직되고 암스테르담에서 첫 번째 콘서트를 하고, 몇 달 후 미국의 카네기홀에서 공연을 했다. 그제야 비로소 그들은 '나의 조국'을 다시 느낄 수 있었다고 한다.

"미국 카네기홀에서 처음 공연할 때 친척이 쿠바 국기를 무대로 전해줬어. 쿠바의 아티스트들이 직접 건너와 쿠바 국기를 들고 미국에서 공연한 거지. 우리는 자연자원이고 뭐고 아무것도 없는 작은 나라인데, 우리는 쿠바 음악을 만들어 냈고, 바로 그걸 공연한 거야. 꿈같은 일이었어."

이 내레이션이 나온 지점이, 두 번째 다큐멘터리 〈부에나 비스타 소셜 클럽 2: 아디오스〉의 딱 중반 지점이었다. 나도 모르게 감정이 울컥하며 눈물이 쏟아져 나왔다. 음악을 할 수 없게 되면서 좌절했고, 다시 음악을 하며 쓸모 있는 사람이라고 느낌과 동시에 조국을 비로소 다시 느꼈다고 말하는 부분에서 감정이 요동쳤었다. 세상이 변하면서 그들의 전부였던 음악을 잃고 살았던 지난 세월에 대한 회한과 고뇌가 심정적으로 이해가 갔다. 그들의 전부였던 음악을 잃고 살았던 기나긴 세월을 건너온 그들이 '나'를 찾고 음악인으로서의 정체성을 다시 회복한 날이었으리라는 생각이 들어서였던 것 같다. 그들에겐 영혼이었던 쿠바의 음악 '손 뮤직'을 연주하면서 비로소 다시 조국을 느낄 수 있었다니 말이다. 화면 속의 그들도 울었고 나도 울었다. 그 긴 세월을 인고한 그들은 말년에 인생 최고의 황금기를 누렸다. 쿠바의 근대사, 인종차별, 사회적 이슈들, 음악이 '부에나 비스타 소셜 클럽'에 고스란히 담겨있다. 그리고 라틴 음악이 쿠바에서 기초를 만들고 시작되었다는 중요한 사실도. 쿠바인들의 DNA에는 음악이 내재되어 있어 보인다.

내 인생의 서사는 내가 만드는 것이다. 아무리 힘들고 고통스러워도 언젠가 찾아올 찬란한 영광의 날을 위해 버티며 살아남아 나만의 서사를 만드는 것은 오롯이 나의 몫이다. 실패와 절망의 늪에 있을지라도 악착같이 끝까지 버텨보자. 인생의 끝에 뭐가 있을지 궁금하지 않은가? '부에나 비스타 소셜 클럽' 아티스트 이들처럼.

▬ 쿠바의 직장 문화를 통해서 보는 사회주의

혁명 후에 쿠바의 음악인들이 역사의 뒤안길로 사라질 때, 쿠바의 사회는 새로운 체제하에 여러 가지가 시작되었다. 그중의 하나가 직장이다. 혁명 이전의 사회는 거대농장주를 중심으로 한 농업사회, 시장은 미국의 자본가들이 장악해 버렸다. 쿠바의 최대이자 유일한 생산품인 사탕수수 정도였다. 쿠바 사람들은 만연한 인종차별과 교육과 의료제도의 사각지대에 놓여있었고 문맹률도 높았다. 카스트로는 혁명 이후 토지개혁, 부패 척결, 헌정주의 회복, 문맹 퇴치, 사회복지 보강 등을 기조로 국가를 재건하려 했다. JFK의 공격 이후, 카스트로는 소련과 손을 잡게 되었고, 쿠바는 소련과 같은 공산주의 체제로 방향을 잡았다. 이후 형성된 쿠바 사회의 직장 문화는 한국에 비해 확실히 차이가 있다.

자본주의 사회에서 돈을 번다는 것은 무한 경쟁을 의미한다. 개인마다 차이가 있긴 하지만, 대한민국은 자본주의 시스템 안에서 성공적인 사회생활을 위해 대학교를 포함해 16년을 교육에 집중한다. 지연을 위해 좋은 동네에 살아야 하고, 학연을 위해 좋은 대학을 졸업한다. 어떤 이들은 혈연을 만들기 위해 정략결혼을 불사하기도 한다. 돈을 버는 수단인 직장이나 개인 사업을 시작하면 그 안에서 나름의 전쟁이 시작된다. 잘리지 않기 위해 주어진 임무 완수는 물론 그 이상의 것을 해야 할 때가 있고, 성과급을 위해 초과근무도 한다. 승진이라는 제도를 통과해야 하므로 항상 최선을 다한다. 미국 회사의 업무시간에 관한 오해가 약간 있는데, 미국이야말로 무한 경쟁 사회라 보이지 않는 초과근무가 있다. 그

속에 들어가 겪어봐야만 간신히 보이는 경쟁과 수많은 유리 벽들이 있다. 이른바 자본주의식 무한 경쟁, 다민족이 모여 사는 국가에서의 혈연, 지연, 그리고 각종 차별로 만들어진 알 수 없는 유리 벽들, 이것을 통과하느냐 못하느냐는 내 의지와 상관없을 때가 빈번하다. 부지불식간에 철벽이 둘려 쳐지기도 한다.

한국도 미국식 자본주의 사회지만, 미국과는 다른 직장, 사회생활 문화가 있다. 오랫동안 존재해 온 군대식 직장 문화, 가정마다 다른 문화에서 기인하는 개인의 업무에 대한 책임감, 초과근무에 대한 유연성, 회식 문화, 서열 문화와 책임감, 직급에 따른 책임감. 미국과는 또 다른 직장 윤리와 직장 문화가 존재한다. 한국과 미국은 비슷하기도 하고 아닌 점도 있지만, 자본주의 사회의 무한 경쟁인 점은 분명하다.

우리는 자본주의 사회에서 태어나 교육받으며 자라서 이런 것들에 익숙하다. 다른 체제, 즉 사회주의와 공산주의하의 직장생활은 어떨까 궁금하여, 쿠바인들의 직장 경험과 의견을 모아 소개하고자 한다.

쿠바는 사회주의, 공산주의 체제의 국가이다. 그래서 직장을 찾는 방법부터 다르다. 대학은 지역과 시기에 따라 달라진다는 전제하에, 고등학교 졸업생 중에서 대략 60~70% 정도가 진학한다고 전할 수 있다. 학생들은 직업적성테스트를 거쳐, 10개 정도로 분류된 직업군에서 직업을 고른다. 대학을 진학한 학생들은 전공에 따른 직업을 찾게 되는데, 행정가, 교수, 의사, 컴퓨터 엔지니어, 건축, 호텔경영 등의 자본주의하에서 발생하는 직업들과 비슷하다. 고등학교 졸업 후 갖는 직업군도 우리가 아는 직업과 거의 비슷하게 존재한다. 다만, 직장 문화가 다르다.

쿠바에서의 모든 직장인은 다 평등하기 때문에 승진이나 상여금에 대한 관점이 자본주의의 관점과 다르다. 승진과 상여금은 없다고 봐도 무방하다. 승진은 상급자가 죽거나 그 지역을 떠날 때 그 공석이 자리를 메울 때 일어나는 일이다. 그러니 쿠바 직장에서는 승진이라는 개념이 존재할 수가 없다. 일을 더 하거나 성과가 더 좋다고 해서 상여금이 부여되는 경우는 없다. 내가 다른 사람보다 일을 더 해서 승진한다거나, 뭔가를 더 받을 수 있는 희망이라도 있는 자본주의 시스템과는 근본적으로 다르다. 그래서 쿠바에서는 월급을 더 많이 받는 직업으로 이직을 한다. 최근 2~3년 사이에 학교 선생님이 식당 종업원으로 이직하는 경우가 있다고 한다. 관광지 식당의 경우에 월급이 학교 선생님보다 높기 때문이다. 월급이 인상될 때가 있다. 국가가 직업에 관한 급여를 일괄적으로 인상하는 경우이다. 열심히 일하는 개인적인 노력은 월급 인상과 관계가 없다. 직업을 바꾸거나 국가가 월급을 올려주거나 둘 중 하나이다.

다시 정리하자면, 쿠바에서는 학교를 졸업하며 대부분이 직업적성 테스트를 거쳐 직장을 가지게 되며, 한번 직장을 가지면 그 안에서는 경쟁이 없다. 상여금이나 승진 없이 정해진 일을 하면 모두가 똑같이 정해진 임금을 받는 것이다. 직무를 대충 수행해도 정해진 임금은 받으며, 일한 결과에 대한 책임은 없다. 비판도 받지 않는다. 직장에서의 해고는 거의 불가능한 일이다. 쿠바에서 해고란 없다. 만약에 해고된다면 치명적으로 국가에 누가되는 나쁜 일을 했기 때문이라고 이해하면 된다.

이러한 차이점으로 인해, 쿠바인들이 한국 드라마에서 보이는 직장 문화에 대해 놀라기도 하고, 심각하게 여기기도 하며, 또 어떤 부분은 배우면 좋겠다고 여기게 된 것이다. 특히 목표를 가지고 초과근무 정도는 기본으로 하면서 일을 되도록 만들어가는 창의성과 책임감을 접하면서 문화충격에 빠지기도 했다고 한다. 쿠바에 없는 자본주의하의 무한 경쟁, 좌절, 그리고 성공했을 때 오는 성취감을 한국 드라마를 통해서 처음 목격했기 때문이다.

정보

쿠바에도 노숙자가 있나요?

길거리에서 관광객을 보면 구걸을 하는 이들이 있다. 2017년 첫 방문에서 어머니와 작은 아이가 구걸을 하다가 쿠바 경찰에게 걸려 혼나는 장면을 본 적이 있다. 스페인어를 하는 일행이 경찰의 말을 전해줬는데, 상상 밖의 말들이었다. 어떤 내용의 대화인지 짐작이 가는가? 일반적으로는 법을 어긴 사람에 대한 제재를 가하는 것이 경찰의 임무이니 그런 내용일거라고 짐작할 수 있다. 그러나 그들은 '부모가 아이를 앞세워 구걸을 하는 것은 나쁜 교육이다. 아이가 뭘 배우겠느냐?' 같은 구걸 자체의 제재가 아니라 아이의 교육과 장래를 걱정하는 말을 했다. 경찰은 부모의 마음으로 구걸하러 같이 나온 아이를 바라본 것이다. 이후로 나는 쿠바 사람들을 내가 가진 기준의 잣대를 가지고 임의로 판단하지 않기로 했다.

Part 2

쿠바를 대표하는 정체성

▬▬ 쿠바의 자부심이자 자존심, 공공의료

환자를 찾아서 방문하는 쿠바 의사들

누가 나에게 쿠바에 대해서 알고 싶은데 쿠바를 대표할 수 있는 게 무엇이냐고 질문한다면, 나는 쿠바 의사라고 대답한다. 권위 의식 없는 친근한 의사가 병력이 있는 환자를 파악해 정기적으로 집을 방문해 평소의 생활 식습관, 청결 관리, 가족들까지 눈여겨보며 지속적으로 챙기고 환자를 독려한다. 2020년 코로나 19 사태에도 같은 방법으로, 의사들뿐만 아니라 의대 학생들까지 동원되어 가가호호 방문하며 환자들을 파악했다. 바이러스 걸렸을지도 모르는 사람들이 의사를 만나러 가서 바이러스가 확산되는 것을 방지하기 위함이었다. 그렇다. 쿠바는 환자를 찾아가는 의료서비스도 행해지고 있는 나라인 것이다.

한국과 미국의 병원과 의사만 알던 나에게 쿠바 의사들은 별나라 의사들이었다(굳이 한국과 미국을 비교한다면, 환자의 입장에서 당연히 한국의 의료 시스템이 월등하다).

한국에 살던 청소년 시절, 나는 눈에 다래끼가 자주 생겼었다. 그래서 째고 봉합하는 정도의 간단한 수술은 혼자 다녔었다. 그러면 수술비보다 비싼 외제 안약이 처방전에 들어 있어서 몇 번이나 왜 안약이 수술비보다 더 비싼지(보험 청구가 안 되는 약이었다) 이걸 꼭 사야 하는지 물어봤었던 기억이 난다.

미국에서 감기가 심하게 걸린 적이 있었다. 미국은 병원이 매우 비싸다고 해서 겁을 먹었었다. 미국 병원은 한국처럼 아프다고 해서 주위에 병원이 보이면 생각 없이 막 들어가도 되는 곳이 아니다. 내가 가진 학생 보험을 받는 병원을 찾아서 예약해야 한다. 그렇게 예약해서 의사를 찾아가도 일반 감기의 경우 그저 오렌지주스를 많이 마시라고 조언하면서, 타이레놀만을 처방해 줄 가능성이 있다. 당연히 주사는 놓아주지 않는 경우가 더 많다. 허무한 의사 면담 후 본인부담금을 내고 집에 오면, 또 다른 청구서가 날아온다. 말만으로도 질려서 나는 병원에 가지 않고 타이레놀을 먹으며 버텼다. 쉬지도 못하고 잠도 제대로 못 잤기 때문일까? 금방 나을 것 같았던 감기가 석 달이 가고, 기침하는 데 피가 비치자 무서워서 그제야 열흘 만에 의사를 찾아갔다. 미국에서는 절대로 놔주지 않는다던 주사를 맞고, 물약과 알약을 골고루 처방받았다. 그렇게 해서 그 당시에 냈던 병원비가 약값 포함해서 대략 300불 정도(거의 20년 전이었으니 지금 돈의 가치는 가뿐하게 400불 정도는 되지 않을까 싶다)였었다. 한국에서 보험 청구가 안 되서 꼭 사야하는 건지 고민했던 미제 안약 3만 원은 아무것도 아니었던 것이다. 눈 다래끼 제거 수술을 미국에서 받으면 얼마가 나올지 상상도 안 간다. 그래서 다래끼가 영어로 뭔지, 약국에서 살 수 있는 약이 있는지 미리미리 찾아보고, 다래끼가 나지 않도록 눈에 손대는 습관을 버렸으며, 만약에 올라오면 초장에 잡느라 수건 찜질부터 미리 준비해 둔 안약까지 눈에 떨구며 조심한다. 미국에선 단 한 번도 다래끼로 안과를 간 적이 없다. 병원에 가면, 내가 아는 그대로를 의사의 입을 통해서 듣고는 끝없이 돈을 내야 하니까. 병원에서 내라는 돈을 내고 왔는데, 집에 계산서가 또 날아온다. 미국의 병원은 나를 약국에서 살 수 있는 약들을 숙지하고, 약 복용법을 공부하고, 민간요법 전문가로 만들어 버렸다.

사회적으로 의사에게 부여되는 암묵적인 지위도 무시할 수 없다. 한국이나 미국이나 의사라고 하면 가장 먼저 생각나는 게 고액 소득자라는 것 아닌가?

그러나 쿠바의 의사들을 만난 후 '의료기술로 봉사'하는 사람들이라는 개념을 처음으로 생각하게 되었다. 현대사회가 의사들에게 부여한 사회적 지위에 따른 책임 의식 그리고 사람들의 인식에 대해 다시 생각하는 계기가 마련되었으면 한다.

■ 쿠바의 정체성을 확립하는 데 기여한 아르헨티나인, 체 게바라

체 게바라는 아르헨티나 출신의 의사였다. 금수저 집안의 의사. 그런 그가 혁명가가 되고, 멕시코에서 망명 중이던 피델 카스트로를 만나 쿠바 혁명을 함께했고, 혁명정부에 참여했다. 체 게바라가 부자 의사를 포기하고 혁명하는 의사가 되며 그가 생각하고 봐왔던 의료계의 단점들을 수정하고, 그의 철학이 녹아든 것이 현재의 쿠바 의사들이라고 나는 생각한다.

산타클라라에 그의 무덤이자 기념비인 마우솔레오 델 체 게바라(Mausoleo del Che Guevara)가 있다. 체 게바라가 1958년 산타클라라 전투에서 승리해 수도 하바나로 가는 길을 열었고, 다음 해 카스트로가 수도를 점령했다. 이후 그는 쿠바 시민권을 받고 쿠바 정부의 각료로서 외교, 산업, 토지개혁, 은행까지 명실공히 쿠바의 최고 인재였다. 그는 1967년 볼리비아로 홀연히 떠나 게릴라전을 벌이다 미국과 볼리비아 정부군에 총살당했다. 그의 나이 39세였다. 볼리비아 정부군은 그의 두 팔을 절단해 언론에 공개한 후, 그의 시체는 어딘가에 암매장하고 숨겨버렸다. 30년 후, 그 당시 암매장할 때 차를 운전했던 사람의 증언을 토대로 발굴된 그의 유해는 현재 산타클라라에 안장되었다.

6미터 크기의 체 게바라 기념비

산타 클라라에 있는 기차박물관
체 게바라가 독재자 바티스타의 정부군보급품을 실어 나르던 기차를 습격해서 차단했다. 이 습격사건이 카스트로의 혁명성공의 결정적인 역할을 했다.

▄▄ 쿠바의 의사들

그들에게 의사라는 권위 의식은 없다. 그들은 스스로를 수많은 직업 중 하나인 의료 종사자일 뿐이라고 말한다. 쿠바에도 한국의 수능시험과 비슷한 형태의 대학 진학을 위한 시험(Genaral admission test)이 있다(세 과목: 스페니쉬-국어, 수학, 역사). 의대는 이 시험의 점수와 학교 성적을 기본으로 한다. 그러나 선발기준은 지역마다 차이가 난다. 매년 필요한 수에 따라 의과대학의 정원이 달라지고, 지역마다 필요한 인원이 달라짐에 따라 입학 성적은 낮아지기도 높아지기도 한다.

카마구에이 치대를 예로 들자면, 2020년 올해는 치과의가 100명이 더 필요해서 20명이었다가 100명으로 정원을 늘렸고, 그에 따라 시험 점수와 학교 평균 성적 기준도 조금 낮췄다고 한다. 입학 전에 면접시험을 치렀으나, 올해는 인터뷰를 하지 않는다고 한다.

❶ 다리타, 치과의사, 26세

다리타는 어렸을 때 학교 선생님이 데리고 간 병원 중에서 치과가 가장 친절하게 치료를 해줘서, 치과 소리와 냄새마저도 좋았었다고 한다. 그녀는 그때부터 치과의가 되면 좋겠다고 생각했고, 치대에 진학했다. 중·고등학교 때는 싱크로나이즈 대표선수를 하느라 집을 떠나 하바나에서 학교를 다녔다. 현재 그녀는 K-POP을 사랑해서 춤을 매우 잘 춘다. 한국어도 좋아해서 한글을 가르친다.

쿠바의 치대는 입학 3년 차부터 치과 진료를 시작한다. 치대 2년 동

안 기본적인 학습을 마치고 3년 차부터 진료를 시작한다. 3년 차부터 스케일링, 충치 치료, 발치, 신경 치료 등의 치료를 시작한다. 치대 공부 6년, 심화 전공 1년까지 마치는 5년 동안 환자와 함께 하는 것이다. 졸업 후 베테랑 치과의사로서 진료한다. 현재 다리타는 치대에서 학생들이 어린이 치료하는 것을 감독하고 있으며, 4명의 4년 차 치대 학생들을 감독하며 치료법을 가르치고 있다.

쿠바 의사로서 필수과제인 해외 파견(International mission)은 아직 가지 않았다. 해외 파견을 가는 해를 선택할 수 있다고 한다. 진료 과목, 언어와 특이사항들을 고려하여 해외 파견을 갈 나라들을 정하는데, 치과라서 해외 파견을 가는 게 그리 급하지 않다고 한다. 동네 사람들 모두가

치과의사 다리타를 알고 있다. 하지만 그녀는 언제나 치과 의사는 직업의 하나일 뿐이라며 겸손을 잃지 않는다.

❷ 데니스, 응급의학과 의사, 27세

데니스는 간호사인 어머니를 따라 병원에 같이 다니면서 어머니가 일하는 모습을 눈여겨봤다. 어렸을 때, 어머니가 죽음으로부터 환자를 살려내는 모습을 지켜본 후 그는 의사가 되기로 결심했다. 여러 가지 정치적 상황으로 기술적인 부분은 다른 나라에 비해 떨어질 수 있다. 하지만 할 수 있는 모든 선에서의 의료기술과 노력의 결실에 자부심을 가지고 있다. 예방의학, 진료 초기에 병을 잡아내 치료하고, 청결 유지에 항상 신경 쓰며 환자들의 청결 교육도 엄격하게 하고 있다. 질병 예방을 위한 환자들의 협조도 매우 훌륭하다. 자연치료요법과 청결, 두 가지에 중점을 둔다. 음식 조절, 운동요법 등의 자연 치료를 유도하는 한편, 초기에 기초적인 약물 사용으로 치료를 유도하는데, 그 결과가 매우 좋다고 한다. 데니스는 의과대 6년, 레지던스 3년, 총 9년의 과정 중 9년 차로 응급실에서 일하고 있다. 쿠바 의대는 학생의 성적이 높은 경우, 의대 2년 차부터 환자를 보기 시작한다. 학교를 졸업한 의사나 간호사의 감독하에 주사를 놓고 약 처방을 시작한다. 데니스의 경우는 2학년 때부터 보조 의사로 의사와 함께 환자를 보기 시작했다. 보통은 의대 3년 차부터 시작하는 일을 의대 2년 차부터 시작한 것이다. 엄격한 장인제도 수준의 시스템으로 보인다. 학생으로서 의대 공부를 하는 한편 철저한 의사와 간호사의 감독하에 함께 간단한 치료를 시작하는 쿠바 의대의 모습은 매우 새롭다.

❸ 미구엘, 의대겸임교수, 국영여행사직원, 48세

미구엘은 인간 신체의 비밀이 알고 싶었고, 아픈 사람들을 도와주는 영웅이 되고 싶어서 의사가 되었다. 의사가 되기 전에 적십자(Red Cross)에 자원해 일했었고, 남미 전체에서 최고의 의대라 할 수 있는 하바나 의대(Universidad de Ciencias Médicas de La Habana)를 졸업했다. 그 후 1년간 사회봉사를 하고, 다시 3년간 약학 공부를 했다.

베네수엘라의 시골에서 의료봉사 5년을 했고, 현재는 의대 교수이다. 그의 삶은 쿠바의 X세대 의사로서 사회봉사와 의사의 상관관계를 몸소 실천해 인생으로 보여주는 듯한 행보들로 꽉 차 있다. 여전히 그는 사회봉사단체인 '에스페랄'에서 봉사를 계속하고 있다.

그는 쿠바의 의사들은 마음과 손으로 직접 휴머니즘을 실천하고 있다고 했다. 최근엔 쿠바의 관광지 개발 계획을 세우는 등의 여행사 일을 하기도 한다. 쿠바에는 자본주의 아래에서 의사에게 주어지는 물질적 보상이 없다.

쿠바의 의사는 열정이 남다르다. 쿠바에서 의사란 봉사하고 헌신하는 사람이다. 그런 의사들을 국민들은 마음속 깊이 존경하고 그들의 말을 경청한다. 우리에겐 낯설 수도 있는 풍경이지만, 쿠바에서만큼은 가능하다.

▰ 쿠바의 코로나바이러스

2020년 12월 1일, 쿠바의 코로나바이러스 누적 확진자는 8,381명, 회복 환자는 7,659명, 사망 136명이다. 인구는 천백만 명 정도인데, 현재 코로나 관련 환자들의 수를 보면 선방하고 있는 중이다. 진행 상황과 의사로서의 경험담을 현지 의사에게 직접 들어보았다.

다리타와 데니스는 현업의사로서 직접 코로나바이러스와 사투를 벌인 당사자들이다. 쿠바의 코로나바이러스 상황은 어땠는지 이들에게 직접 들어보았다.

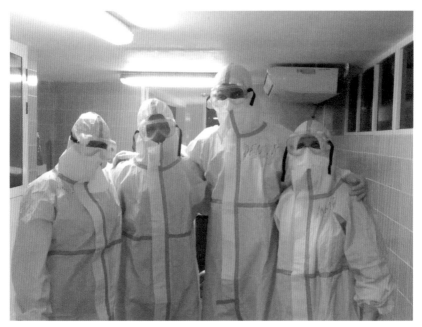
코로나 치료를 위해 방호복을 입은 데니스와 응급실 의사들

올해 초 3월, 쿠바는 봉쇄를 하고 자가 격리를 했다. 다리타는 치과의 사지만 당연히 기본 의료 지식은 있는 의사다. 그래서 의대생들과 함께 집 집마다 방문하여 아픈 환자가 있는지, 혼자 집에서 앓고 있는 환자는 없는 지 찾아내는 동시에 마스크 착용법, 손 씻는 법 등의 청결 교육을 겸하였 다. 한편 데니스는 병원에서 코로나 환자들을 직접 치료하며 바이러스와 사투를 벌였다. 한국 뉴스에서도 보도된 바와 같이 건선 치료제로 사용되 는 '이톨리주맙'이라는 모노클로날 항체 약물과 류머티즘 관절염 치료제 인 '펩타이드' 약물로 사망자 수를 낮췄다고 했다. 쿠바는 이 와중에 의사 를 이탈리아 등의 해외에도 파견을 하며 '의료 외교'를 펼치는 여유까지

보였다.

　물론 데니스도 위의 두 가지 약물들을 환자에게 처방하며 많은 환자의 생명을 지켰다. 가장 기억에 남는 환자는 그의 마지막 코로나 환자였다. 그 환자는 의사였는데, 호흡기 질환 문제가 심각해 10일을 산소 호흡기에 의존했다. 그 기간을 데니스의 치료와 함께 잘 견디고 건강을 회복했다. 의사는 환자 치료를 해야 하기 때문에 코로나바이러스에 항상 노출되는 위험이 있어 그런 환자들을 보면 더 안타깝다고 한다. 쿠바 의료진이 가장 많이 신경 쓰며 환자들 혹은 사람들에게 전하려고 한 핵심은 위생관리를 철저히 하여 병을 사전에 차단하는 것이다.

　이탈리아를 비롯한 여러 나라에 의료진을 파견해 도운 쿠바는 2020년 노벨평화상 후보였다. 쿠바의 도움을 받았던 나라들이 적극적으로 추천했었던 것이다. 상은 유엔세계식량계획(WFP)이 수상했지만, 후보로 언급된 것만으로도 쿠바 의료진들의 열정을 느낄 수 있다.

　쿠바에서도 코비드-19 백신이 나왔다. 소베라나 2(Sobenara 2). 이 백신은 아프리카와 남아메리카 지역에 공급될 예정이다.

사진 출처: 핀레이 인스티튜트(Instituto Finlay) 홈페이지

헤밍웨이는 노벨문학상을 받기 위해 쿠바에 머물렀나?

쿠바 하면 어니스트 헤밍웨이를 빼놓을 수 없다.

헤밍웨이가 노벨문학상을 받은 『노인과 바다』는 그가 실제로 알았던 쿠바 어부의 이야기를 글로 쓴 것이라고 한다. 그는 노벨문학상 수상 소감에서 "나는 어부의 경험이 독자들의 경험이 될 수 있도록 정말로 실감 나게 이야기하고 싶었다." 그리고 "이 상을 받은 최초의 입양 쿠바인이라서 행복하다."라고 말했다. 노벨상 메달도 산티아고 데 쿠바의 꼬브레 성당에 기증했다.

헤밍웨이가 『누구를 위하여 종은 울리나』를 집필했다는 오비스포 거리에 위치한 암보스 문도 호텔의 511호. 자그마치 7년을 이 호텔에서 묵었다고 한다.

헤밍웨이가 자주 마셨던 술 '모히토'. 상큼한 민트향이 가득한 쿠바산 럼. 그리고 애연가로서 끊임없이 피웠던 시가. 원래 유명한 거였는지, 헤밍웨이 덕분에 유명해진 건지 구분이 안 갈 정도이다.

쿠바의 명물
시가와
모히토

헤밍웨이가 머물렀던 암보스 문도 호텔의 라운지

헤밍웨이가 7년간
머무르며 글을 쓴
암보스 문도 호텔

쿠바의 1차 의료기관

쿠바의 물은 나한테 맞지 않았다. 대부분의 관광객들은 물을 조심해야 한다. 양치질 물도 병물(정제수)을 사용해야 할 정도이다. 물을 잘못 마시고 배탈이 나서 어쩔 수 없이 병원을 찾아갔다. 1차 의료기관인 폴리클리니코를 방문하여 의사를 만나 검진하고 약을 받았다. 쿠바의 의료는 무상 의료이다. 다만 미국인들이 쿠바에 입국하려면, 미국에서 여행자 보험을 만들어야 하는 의무가 있다. 쿠바인들의 경우 1차 의료기관에서 가정의를 만나 진료를 받고, 그의 소견서가 있으면 2차 의료기관인 전문 병원으로 가는 수순이 대부분이다. 다양한 방법으로 많은 쿠바 의사를 직접 만날 수 있어서 나의 경험과 그들의 증언을 바탕으로 이 책에 소개할 수 있었다.

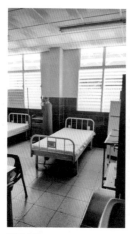

환자 병동

환자 병동 내부에 위치한
간호사들이 손을 씻는 개수대

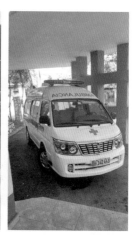

쿠바에도 구급차가 있다. 지붕에
빨간 등은 세계 공통인가 보다.

권위 의식 없는 쿠바 의사들

의사들과 나눴던 소소한 잡담에서 그들을 바라볼 수 있다.

▪ **치과의 A:** 내가 한국인이라는 것을 확인하고는, 80년대 평양 세계청소년 대회에 다녀온 얘기를 신나게 꺼냈다. 김일성 사인이 들어간 시계를 아직도 차고 있다며, 나에겐 거의 베트남 스키부대 수준의 이야기보따리를 풀었다.

▪ **산부인과의 B:** 딸이 미국 라스베이거스에서 댄서로 살고 있다고 했다. 보고 싶어도 비행기 삯이 비싸 만나지 못한지 10년. 'Wet foot, Dry foot(젖은 발 마른 발)'이라는 정책이 있다. 쪽배 타고 헤엄쳐서 도착하지 않고, 육지로 미국 국경에 도달하면 쿠바인들은 미국에 합법적으로 거주할 수 있다. 딸은 아마도 마른 발로 미국에 도착한 모양이다. 그 마음을 달래주는 것이 한국 드라마라며 나는 보지도 못한 드라마 제목들을 말하며 정말 재미있게 봤다고 한참을 이야기했다. 앞으로 만날 세계인들이 무슨 드라마 얘기를 꺼낼 줄 모르니, 나중에 있을 대화의 깊이를 위해서라도 나는 한국 드라마 시청을 더 열심히 해야겠다고 다짐했다.

▪ **가정주치의 C:** 청소년 자녀들을 둔 그녀는 나에게 따지기 시작했다. 도대체 왜 아이들이 한국 음악에 빠져서 허우적거리는지. 자녀들의 행태를 마음에 들지 않아 했고, 그들의 미래를 걱정했다. 그때 좀 더 적극적으로 아이들을 대변해 주지 못해서 아쉽다.

- **보건의 D:** 나는 물을 바꿔 마시면 탈이 난다. 그녀는 친절하게 증상을 묻고 설명하면서, 나의 나이를 듣고는, 나이에 비해 건강 상태가 매우 양호함에 깜짝 놀라며 관리법을 물어봤다. 동양인 체질, 특이성, 한의학에 대한 대화를 나누며 긴 진료 시간을 가졌다.

- **약사 E:** 소금과 유산균, 지사제를 건네주며, 쿠바의 약은 세계 최고니 금방 나을 거라며 한쪽 눈 찡긋하며 말을 덧붙였다. 심지어 쿠바는 병원에서 돈 안 받는다고 강조했다. 쿠바 의료에 관한 자부심도 하늘만큼 높았다.

- **앰뷸런스 기사 F:** 처음에 다른 의사, 간호사와 담소를 나누는 모습이 다 같은 의사들인 줄 알았었다. 대화의 물꼬가 나에게도 터졌다. 내가 단체 사진을 찍고 싶다고 해서 다 같이 사진도 찍었다. 직업에 대한 위화감 같은 것은 존재하지 않는 곳이다.

여행 팁

반드시 챙겨 가면 좋은 필수품들

쿠바의 화장실에는 휴지나 비누는 없다고 생각하고 모든 것을 준비해 가는 것이 속 편하다. 작게 포장된 휴대용 화장지, 손 씻을 물이 안 나올 때를 대비한 물티슈, 물은 나오는데 비누가 없을 때 사용할 종이비누를 준비하자. 마지막으로 변기 커버가 없으니 기마자세를 할 수 있는 다리 근력도 필요하다. 마시는 물이 바뀌면 장에 탈이 나기 쉽다. 나를 포함해서 학술여행에 참여한 사람 중 절반 정도가 설사를 겪었다. 그러니 지사제를 꼭 준비하자. 모기에 잘 물리는 사람들은 미리미리 알아서 관련 약품들도 챙기자.

쿠바의 지리적 위치는 적도에 매우 가깝다. 태양이 바로 내 머리 위에서 지글거리는 것이 어떤 것인지를 경험할 수 있는 곳이다. 자외선 차단제 꼼꼼히 자주 발라야 한다. 자외선을 차단할 모자도 필수다.

쿠바에는 매운 음식이 없다. 날씨가 더우니 매운 음식 먹고 뜨거운 속 달래기가 힘든 날씨이기는 하다. 그래도 내 입맛에는 한국 음식이 최고라는 분들은 무슨 일이 있어도 반드시 고추장과 매운 소스들을 챙기자. 매운맛이 없는 밍밍하고 맹맹한 음식들을 먹다가 먹는 것을 포기하고는 삶은 계란만 먹고 있는 자신을 발견하게 될 것이다. 내가 그랬다.

쿠바 여행 시 필요한 물품 다시 정리

여행용 화장지, 물티슈, 종이비누, 지사제, 모기 방지약, 모기 물린 데 바르는 약, 자외선 차단제와 모자. 그리고 고추장과 각종 매운 소스들.

유비무환!

정보

택시를 운영하는 기사님들의 생존 방법

기사들에게 이 오래된 차들이 어떻게 아직도 잘 굴러가는지를 물어봤다. 특히 소모품인 엔진과 부품들을 어떻게 구해서 자동차를 계속 굴러가게 하는지. 먼저 폐차된 차에서 부속품을 찾는다. 없으면 부엌 용품과 온갖 기계에서 대체품을 찾는다. 자가로 만들 수 있는 것은 만들어 사용해 보고, 그래도 안 되면 멕시코 등지에서 부품을 수입해 온다고 한다.

1. 비슷한 생활용품 혹은 부엌 가전제품들에서 최대한 찾아내 고친다.
2. 없으면 스스로 만든다.
3. 가까운 남미 국가에서 수입해 온다.
4. 과거엔 소련에서 현재는 중국에서 조달해 온다.
5. 모든 것은 버리지 않고 재활용한다.

쿠바의 택시

쿠바에서 해보고 싶은 일들 중 하나: 올드 클래식 카 타보기

"쿠바에 가게 되면 뭘 해보고 싶어?"라고 물어보면 많은 사람이 올드카를 타보고 싶다고 대답한다. 자동차 자체의 크기가 크기도 하고, 강렬한 원색 혹은 예쁜 파스텔 톤의 색감은 감탄을 불러온다. 이제는 거의 사라져 옛날 영화에서나 봤던 그런 차들이 하바나에는 가득하다. 그래서 나도 타봤다. 하바나 시내는 웬만하면 5CUC(5달러 정도). 그리 비싸지는 않다만, 기름 냄새, 있으나 마나 한 쿠션, 고장난 창문, 잘 열리지 않는 문 등을 겪을 수 있다. 하지만 이런 골동품들이 굴러간다

쿠바 곳곳에서 볼 수 있는 올드 클래식 카 쉐비

는 자체만으로 신기한 일이기에 한 번쯤은 타보면 좋은 추억이 될 것이다.

혁명박물관과 올드카

미국에서는 사라진 원조 미국 클래식 차들의 천국이 쿠바다. 쿠바는 미국의 무역 제재 때문에 남은 것을 아껴 쓰느라 올드카가 보존될 수밖에 없었다. 그런 역사가 있는 올드카를 이용해 관광객 상대로 돈을 버는 것을 생각하면, 쿠바인들에게 올드카란 미국 구시대의 산물이자 현재는 좋은 경제 수입의 수단이다. 굳이 비유하자면 그들에게는 쓰지만 단맛이 나는 초콜릿 같은 존재인 것이다.

쿠바의 독재자였던 '바티스타'의 궁전이 '혁명박물관'이 되었다. 그 앞에 정차한 올드카를 보면 역사의 아이러니와 세계의 정치를 동시에 생각하게 만든다.

혁명박물관(Museo de la Revolución)
쿠바의 세 번째 대통령 '마리오 가르시아 메노칼'과 독재자 '바티스타'가 대통령 궁으로 사용했던 곳이다. 나는 이 사진을 볼 때마다 200년 쿠바의 역사를 되새긴다.

Part 3

쿠바, 그리고 카마구에이

카마구에이(Camaguey)는 쿠바에서 세 번째로 큰 도시이다. 빗물을 담기 위한 항아리를 빚는 가마터가 있는 곳. 쿠바에 단 두 군데만 있다는 발레극장이 있는 도시(다른 한 곳은 하바나), 2008년에 유네스코 세계문화 유산 지역으로 지정된 도시이다.

지도에서 빨간 지역이 '카마구에이'이다.

카마구에이 소개

론리플래닛(lonelyplanet)에서는 카마구에이를 이렇게 소개한다. "쿠바에서 세 번째로 큰 도시로, 하바나 다음으로 그 매력에 쉽게 빠져들 수 있고, 섬세한 도시이다. 빛나는 예술작품들과 가톨릭 교회들의 요새이기도 하다. 타 지역에서는 어려운 시기를 그들의 방법으로 잘 극복한 이곳의 시민들을 '아그라몬티노스(agramontinos)'라고 부른다. 독립전쟁 영웅 이그나시오 아그라몬테(Ignacio Agramonte)의 이름에서 온 별명이다."

앞서 소개된 '호세 마르티'와 함께 독립운동을 한 '이그나시오 아그라몬테(Ignacio Agramonte, 1841~1873)'는 카마구에이에서 태어나고 자랐다. 우리나라에서도 지역에서 위대한 인물이 나오면 대대로 그 지역의 자랑 아니던가. 아그라몬테 장군의 이야기를 보면 한국의 홍범도 장군이 떠오른다. 스페인 식민지역사 400년 세월 때문이었다. 그래서 쿠바에는 김구 선생이자 윤동주 시인으로 부를 수 있는 호세 마르티가 있고, 독립운동가이자 초대 부통령 이시영 선생이자 홍범도 장군일 수 있는 아그라몬테 장군도 있다. 수많은 의사와 열사들이 등장해 쿠바의 독립을 위해 싸운 것이다. 아그라몬테 장군은 학식 있는 변호사였으나 스페인 식민지군으로부터 독립하고자 독립전쟁에서 치열하게 싸우다 카마구에이 지역의 전투에서 장렬하게 전사했다. 그가 태어난 도시를 지키다가 전사를 한 것이다. 카마구에이 시민들은 그와 같은 기질을 가지고 있다며 스스

카마구에이 국립대학(Ignacio Agramonte Loynaz University of Camagüey)

로를 아그라몬티노스(Agromontinos)라고 부르며 자랑스러워한다. 그래서 카마구에이 국제공항 이름도 그의 이름이고, 도시의 절반 정도는 장군의 이름으로 장소명이 되어있는 듯했다.

이 도시는 쉽게 방향을 잃어버릴 듯 잃어버리지 않는 미로와 같은 거

플라자 델 카멘(Plaza del Carmen)

산타 세실리아(Santa Cecilia) 컨벤션 센터

◀ 카르멘 성당(church of our lady of carmen)
뒤에 보이는 분홍색 성당이 1825년에 지어진 바로크 스타일의 성당으로 유서가 깊다. 도시의 예술성과 역사를 상징한다.

리, 바로크 양식의 교회들, 파스텔 톤의 건물들, 필름 스터디 센터가 있는 쿠바 영화의 거리 '카예 드 로스 씨네(Calle de los Cines)'가 있다. 하바나만 가보고 쿠바의 모든 것을 다 봤다고 하면 어불성설이다. 하바나에서는 볼 수 없었던 쿠바의 문화, 역사, 예술의 다른 면을 카마구에이에서 찾아볼 수 있다. 이 도시는 항아리를 굽는 가마터가 있다고 한다. 내가 가장 좋아하는 '플라자 델 카멘(Plaza del Carmen)'을 가면, 카마구에이를 상징하는 모든 것을 함축적으로 잘 담고 있는 곳이다. 도자기의 도시답게 티나호네스(Tinajones)라는 거대한 진흙 항아리가 있다. 빗물을 받거나 하는 데 쓰였다고 한다. 실물 크기의 조각들이 파스텔 톤의 성당과 함께 멋들어지게 조화가 이루어지는 곳이다.

▰▰ 카마구에이의 사람들

카마구에이는 관광지로 유명한 도시는 아니다. 그래서였을까 그 지역 고등학교에서 한국인으로서 나의 존재는 폭발적이었다. 학술여행이었으므로 지역 학교를 방문해 돌아볼 수 있었다. 한 고등학교에서의 일정이 끝나고 돌아서는데, "Are you Korean?" 이 질문을 들은 순간, 그 순간이 나의 모든 것을 바꾼 순간이었다. "Yes" 이 한마디에 몰려든 학생들. 나를 바라보는 학생들의 눈은 진심으로 나를 반기고 좋아하는 것이 보였다. 학생들은 나를 겹겹이 에워쌌다. 손에 핸드폰을 든 그들과 번갈아가며, 무한 사진 찍기가 시작되었다.

나를 한국의 슈퍼스타로 대우해 주었던 학생들과 함께한 단체사진

    사진을 찍다가 한국 사람이라면 전지현이나 김태희를 기대할 것 같은 아이들에게 괜히 미안해서 한 "I am sorry, I am not the pretty person you see on Korea shows(미안해, 너희들이 한국 쇼에서 보던 그런 예쁜 사람이 아니라서)." 이 말에 확 터진 웃음꽃이 만발했었다. 그리고 사진에서 확장된 어깨동무, 승리의 V를 하며 서로의 얼굴 찌르는 것도 개의치 않았다. 단체사진이 끝없이 이어졌다. 사진을 찍었다고 그 자리를 뜨는 학생도 없었다. 일생일대 처음이었다. 이처럼 스타들에게만 일어나는 일이 한국인이라는 이유 하나로 평범한 일반인인 나에게 일어나다니.

    과거 여행했던 유럽에서도 미국에서도 한 번도 일어난 적 없는 일이었다. 단지 한국인이라서 이렇게 환영받을 수 있다는 점, 이 자체가 상상도 못 했던 신기한 일이었다. 내가 왜 그런 스타 대접을 받았는지, 다음에 방문할 때는 그 학생들을 찾아 꼭 물어봐야겠다는 생각도 들었다. 어리

둥절했지만 싫지 않았다. 가능한 모난 돌 정 맞지 않게 조심하며 산 20여 년의 타국생활이었다. 나도 모르는 사이 기죽고, 주눅 들고, 구석으로 숨어들며 꿰다 놓은 보릿자루 역할을 자처하기도 했다. 성격도 생활방식도 바뀐 후였다. 친구들과 모여서 뭐든 창의적으로 재미있게 하는 걸 좋아했던 원래의 나 자신이 내 안에서 다시 꿈틀대는 걸 느꼈다. 한국인 본연의 나를 찾도록 잠에서 깨운 순간이었다. 내가 다녔던 고등학교에서 당대 최고의 하이틴 스타 채시라와 최진실이 드라마 촬영차 온 적이 있었다. 반 친구들과 몰려가 최진실 언니를 둘러싸고 "언니~"를 외쳤던 사춘기의 나도 되찾았다. 쿠바에서 과거의 나였을 법한 그 나이 또래 쿠바 청소년들은 한국인으로서의 나뿐만 아니라 내가 잊고 살았던 내 청소년기의 세포마저도 깨워준 것이었다.

그날 오후, 방문한 문화센터에서 발견한 밑단 너덜너덜한 한복은 나를 다시 쿠바로 향하게 하는 결정적 이유를 만들어줬다. 같이 간 나이 지긋한 미국인 학자들이 이것이 한국의 전통복식이냐고 물어보는데 당혹스러웠다. 밑단도 찢어졌는데, 옷고름도 제대로 못 매는 푼수 칠칠이가 된 나

카마구에이 컨벤션 센터의 전경에 노을이 깔리는 사진

남자 한복은 바지 밑단이 너덜너덜했고, 여자 한복 옷고름은 리본을 매다가 실패한 모양에 동정은 눈뜨고 봐줄 수 없는 상태였다.

를 보는 듯한 강렬한 감정이 스며들었고, 반드시 바꾸고야 말겠다는 의지를 심어주었다. 조금이라도 더 멀쩡한 한복과 마네킹으로 진열하고 싶었다.

당시 문화센터 관장이었던 로페즈 씨와 오랜 시간 동안 대화를 나눴다. 그날 학교에서 있었던 일을 꺼내니, 학생들 사이에서 한국 음악이 엄청난 인기라고 말해주었다. 자신은 학생들이 한국 음악에 심취하는 것이 걱정이 앞선다고 했다. 모여서 생소한 음악에 맞춰 춤추는 모습을 보는 게 달가운 일은 아니라고 했다. 대화 끝에 나는 한복을 바꿔서 진열하는 것을 권했다. 그리고 내가 쿠바에 입국하려면, 미국 정부에서 지정한 쿠바에 갈 수 있는 합당한 목적이 필요했다. 즉 학회 혹은 다른 교육적 이유

가 필요하다는 걸 피력했
다. 트럼프 대통령 아래에
서 미국 시민인 나는 합법
적으로 쿠바에 방문할 수
있는 이유가 필요했다. 로
페즈 씨는 다음 해 2018년
에 카마구에이에 있을 학
회에 나를 초대했다. 합법
한 이유와 절차로 쿠바에
다시 갈 수 있게 된 것이다.

욜렉시 로페즈(Yolexi Pilliner Lopez)

쿠바에서 쿠반-아프리카인들의 수는 크다. 현재의 공식 인구 비율을
찾기가 힘든데, 앞서 나온 비율은 10년이 다 되어 가서 찾을 수 있는 공식
자료는 이게 다였다. 현재 대략 쿠바의 1000만 인구 중 40%를 웃돌고 있
다고 로페즈는 전한다. 애초에 시작되지 말았어야 할 노예무역과 노예제
는 현재에도 주목받지 못하는 역사적 비극이다. 서구열강국의 식민지가
있는 곳이라면 노예도 있다. 그러나 여기에 대한 체계적 연구와 교육은 별
로 없었다. 이에 유네스코의 노예의 길 프로젝트(UNESCO Slave Route
project)에서 그들의 저항, 자유에 대한 갈구, 그들의 자취와 유산에 대해
연구하고 학회도 연다.

로페즈 씨는 운영 위원으로 교육 시스템을 구축해 이에 주력하고 있
다. 아프리카, 유럽, 북남미 대륙, 카리브, 중동, 아시아 등 거의 모든 대륙
에 이들이 있게 되었다. 노예제가 끝난 이후 그들의 삶과 관습의 변화, 문

직접 가져가서 바꾼 한복과 마네킹

화의 충돌과 흡수를 통한 발전(쿠바의 손 뮤직이 훌륭한 예)이다. 후손들의 새로운 정체성을 연구한다. 학술대회를 여는데, 나는 그 학회에서 발표를 하려고 했던 것이다.

2018년, 마네킹과 한복을 이고 지고 쿠바로 돌아갔다. 학회 발표 시간이 정해졌고, 한복 증정식도 학회 중간에 따로 마련되었다. 순조롭게 모든 것이 흘러가는 듯했으나, 관광비자로는 발표를 못 하니 비자 종류를 바꿔야 한다고 했다. 해당 관청에 갔다. 공무원이 자리에 있지 않아 약 3시간을 기다렸지만, 해당 비자 재발급 실패. 후에 KCT의 아투로와 이세가 말해줘서 알게 되었는데, 외국인은 쿠바의 시청 혹은 공무가 진행되는 건물에 들어갈 수 없다고 한다. 만약에 나 같은 외국인이 들어가는 일이 생긴다면 그건 뭔가 불상사가 생겨서일 가능성이 높은 것이니 들어가지 않는 게 좋다고 했다. 그 외에도 외국인들은 강당에서 쿠바인들 앞에서 연설을 하는 것도 금지사항이다. 그렇게 나의 학회 발표는 무산되었다. 체제가 다르고 정치적으로 미국과 척을 진 쿠바에서, 미국 시민인 나는 이것저것 따지면서 까탈스럽게 굴 처지가 아니었다. 더 나은 한복을 새롭게 진열하는 것이 나의 방문 목적이었으므로 한복만 바꾼다면 상관없었다. 내가 가져간 마네킹이 유리 진열장 안에 잘 맞을지, 잘 들어갈 수 있는지를 신경 써야 했다. 아이 한복은 흐트러지지 않게 의자에 잘 고정해야 했다. 여성 한복 옷고름도 스르륵 풀려 내리지 않도록 실과 바늘로 고정해야 했다. 학회가 진행되는 그 시간, 나는 문화센터에서 마네킹을 맞추고, 한복을 입히고, 바느질하느라 학회 발표를 못 하는 것에 대해 실망도 원망도 할 새가 없었다. 문화센터에 남아 바느질하고 있으니, 동네 쿠바인들이 하나둘씩 다녀가며 엠페냐다(남미 간식으로 만두처럼 생겼다)를 입에 물려주고 가고, 스페인어로 말을 거는 이들도 있었다. 나는 신기하게도 내가 아는 스페인어 단어를 알아듣고, 영어에 스페인 단어를 섞어가며 대답을 하면서 대화를 이어나가기도 했다. 아이는 있는지, 몇 살인지, 뭐 하는지 꼬치꼬치 캐묻는 게 매우 익숙했다. 그러다 답답해지면 영어가 되는 쿠바 사람을 끌어다 앉혀놓고 대화를 계속했다. 역시 사람 사는 모습은 다 비슷비슷하고, 대화 내용도 그다지 다를 게 없는 게 우리는 다 똑같은 지구 위에서 살아가고 있는 같은 사람이라는 걸 다시금 확인했다. 유리장을 열 수 있는 사람은 오직 로페즈 한 사람. 학회 일로 바쁜 그를 붙들고 내 눈앞에서 진열하라고 할 수가 없었다. 차

데센단스(descendants) 합창단

마 떨어지지 않는 발걸음으로 부디 잘 진열되기를 바라며 돌아왔다.

학회에서 발표만 무산되었지 다른 일정들은 학회에 참석한 사람들과 함께했다. 저녁 만찬에서 본 합창단 공연은 최고였다. 합창단의 이름은 데센단스(descendants). 이들이 부르는 아프리카 풍의 합창은 순식간에 나를 아프리카 대지 한가운데 데려다 놓았고, 마치 얼룩말 위에 탄 채로 기린들과 함께 달리는 듯한 기분을 느끼게 했다. 이들을 아프리카 전통의 영혼과 목소리를 가진 합창단이라고 소개하고 싶다. 나는 아프리카 영혼의 목소리를 가진 사람들의 노래를 들으면서, 그들의 영혼과 함께 마음으로 울었던 듯하다.

정보

미리 알고 겪으면 덜 황당할 수 있는 상황: 인종차별

해외에서 생활을 20년 하면서 나는 현지인들의 타인종과 타문화에 대한 거부감에 익숙해져 있었다. 1990년 초, 영국의 한 시골 마을 구멍가게 주인 할머니가 입구에서 나를 보자마자 비명을 질렀고, 할아버지가 바로 나와선 그냥 빨리 나가라고 해 영문도 모르고 내쫓긴 이후부터였다. 미국에서도 흔하게 이런 일들이 일어난다. 인종차별일 수도 있고 그냥 그 사람이 나빠서일 수도 있다. 식당에서는 일부러 화장실 근처 같은 구석진 자리로만 안내한다던가, 주문을 오랫동안 받지 않고 기다리게 한다던가, 내가 하는 말을 일부러 못 알아듣는 척하는 일들. 이 정도는 인종차별 기초단계이고, 잘 못 알아차리게 차별을 당한다. 인종차별에는 여러 단계가 있는데, 심화한 인종차별은 못 알아들을 때도 많다. 이럴 때마다 싸울 수도 없고, 무작정 웃기만 해서도 안 된다. 차별을 당할 때는 간단한 한마디와 강렬한 눈빛 정도는 보내주자. 이 정도는 표현하고 넘어가자. 익스큐즈 미?(excuse me?)

쿠바의 예술

미술은 잘 모른다. 내 능력 밖의 재능이기도 하다. 그 대신 감상하는 건 매우 좋아한다. 거리에 멋진 조형물들이 있어 내 마음을 사로잡았다. 모네 그림은 정면 혹은 측면 보는 각도에 따라 다르게 보였고, 자연광에 따라 달라지는 건지 아니면 내 마음에 따라 달라지는 건지 잘 모르겠지만 어쨌든 좋다. 모네 그림을 좋아하게 된 이후로 잘은 모르지만, 예술작품들을 반복해서 보고, 시시때때로 달라지는 내 마음과 예술을 즐기게 되었다.

쿠바는 예술의 나라라고 할 만큼 거리 곳곳에 예술 작품들이 넘쳐났다. 그중 몇 가지를 사진으로나마 전달하고 싶다.

모이를 쪼아 먹는 새처럼 보이는 조각

수영장 가운데 서있던 조형물

올드 하바나에 있는 대형 벽화

예술가 호세 푸스터(Jose Puster)가 전체를 타일로 장식한 집, '푸스터랜디아(Fusterlandia)'

푸스터랜디아 내부의 타일 예술

아래 4장의 사진은 오칸-토미(Okan-Tomi)극단의 공연 사진이다. 정통 아프리카-쿠바의 춤과 음악을 감상할 수 있다. 여태껏 감상했던 공연 중에서 아프리카 관련 최고의 공연이었다.

하바나에는 '셰익스피어 인 쿠바' 센터가 있어서 셰익스피어 공연을 정기적으로 한다. 비극과 희극으로 사람들을 울리고 울렸던 영문학의 연금술사였던 셰익스피어. 그의 희곡들은 쿠바에서 스페인어로 상연되고 있다. 언어가 바뀌면서 새로이 태어난 고전 연극이라고 말하고 싶다.

올드 하바나에 있는 셰익스피어 동상

Part 4

쿠바, 카마구에이 젊은이들의 새로운 문화

: 한국 문화 열풍에 관해 무엇을 상상해도, 그 이상의 것이 일어나고 있다.

K-POP 팬들, 특히 BTS의 팬클럽 '아미(ARMY)'들이 한국어를 배우고, 각국의 언어로 한국어 노래 가사를 해석하고, 아미 이름으로 사회단체에 기부하고, BTS가 뮤직비디오를 찍었던 장소들 방문하고, BTS가 하는 것이라면 다 해보고 싶어 하는 것을 뉴스로 많이들 접했을 것이다. 아미는 전 세계에 광범위하게 존재하고 있다. 아미처럼 팬덤을 만들고 조직력 있게 움직이지는 못해도 한국 드라마 팬들도 많다. 드라마의 경우는 넷플릭스(NETFLIX)의 인기 드라마 순위에서 증명된 바 있다. 나에게 한국 드라마를 너무 많이 물어봐서, 시간이 없어 드라마를 보지 못할 경우엔 제목과 줄거리 등장인물 정도는 일부러 파악하고 다닐 정도였다. 보통은 대화 상대를 찾았다고 좋아하며 다가온다. 그런 그들에게 모른다고 하니 대부분 무척 실망했고, 그들이 실망하는 것을 겪은 뒤 이러한 노력을 했다. 인간을 왜 사회적 동물이라고 부르겠는가? 내가 좋아하는 것에 대해서 대화하고 정보도 교환하고 싶은데, 친구가 없다는 상황을 가정해 본 적이 있는가? 한국이 아닌 타국에서 한국 문화를 좋아할 때 생길 수 있는 일이다. 그래서 언제 어디서 한국에 대한 무슨 질문이 날아와도 대답할 준비를 하고 다닌다. 나에겐 그냥 스쳐 지나가는 사람들일지라도, 그들에게 나는 간신히 만난 한국 사람이거나 한국에 대해 아는 걸 대화할 유일한 사람일 수도 있으므로.

쿠바의 한국 문화 열풍?

 쿠바는 70년 미국의 무역 봉쇄로 국가 간의 이동도 자유롭지 못하다. 한국과 쿠바는 정치, 문화적 교류를 정식으로 하지 못한다. 이런 쿠바의 한류는 정확하게 어떤 상황일까? 간단한 퀴즈로 시작해 보자.

Q. 아래 중 쿠바, 카마구에이에서 일어난 적이 없는 일을 있는 대로 고르시오.

1. 아리랑을 쿠바 정서에 맞게 편곡해서 부르기.

2. 한국무용을 재해석해서 한복을 입고 창작무용 하기.

3. 쿠바 청소년들 대상으로 K-POP 댄스경연대회를 열기.

4. 스스로 한국어 독학하고, 하바나까지 가서 시험을 본 쿠바 사람이 직접 한국어 가르치기.

5. 떡볶이가 먹고 싶어 떡을 밀대로 밀어 만들어 떡볶이 만들어 먹기.

6. 짜장면이 먹고 싶어 까만 베트남 소스 활용해서 비슷하게 만들어 먹어 보기.

7. 양배추로 하얀 백김치 만들어 먹기.

8. 부모님께 혼나면서도 K-POP 클럽 계속 다니기.

9. 한국 클럽 활동 계속하려고 학교 성적 탑으로 유지하기.

10. 한국인처럼 생각하고 행동하려고 노력하기.

11. 한국 이름 스스로 만들어 부르기.

12. K-POP 앨범과 굿즈 마음껏 사서 방 장식하기.

정답 쓰기 (   )

■■■ 새로운 문화 유입에 대한 어른들의 입장

행정수도 하바나에서 버스로 8시간 걸리는 쿠바 섬의 중간 오른쪽 지점에 있는 카마구에이. 관광지로 알려진 곳이 아니라서, 관광객들로 북적이는 새로운 문물의 출입구는 아니다. 그런데 새로운 동양의 문화가 젊은이들 사이에 퍼져나가고 있다. 동네 아이들의 옷차림새, 머리 모양이 바뀌고, 듣도 보도 못한 음악을 들으며 새로운 춤을 추기 시작하고, 드라마를 한번 보기 시작하면 밤도 샌다. 어른들이 술렁이기 시작했다.

"아무짝에도 쓸모없는 중국 것에 뭘 그리 빠져드느냐?", "네가 할 공부는 다 하지도 않고 시간 낭비나 하는 거다.", "사내들이 계집애처럼 화장이나 하고, 뭐 하는 애들이 저러는 거냐?", "저 중국인들이 화장한다고 해서 너까지 화장을 하냐? 너의 성적 정체성에 혼란이 오고 있느냐?", "너는 지금 쓸데없는 것에 빠져서 네 인생을 망가뜨리고 있는 거다.", "어디서 듣도 보도 못한 이상한 걸 춤이라고 추냐?" 쿠바 부모님들이 한국 문화에 빠진 자녀들에게 하는 소리다. 대부분의 부모님들은 자녀들이 한국 문화에 빠진 것을 못마땅해하고 있다.

첫 장에서 언급했던 베블런의 학설도 적용되고, 만국 공통의 자식 앞길 걱정하는 부모님의 마음도 이해가 되는 지점이다. 일반인에게 인터넷 공급이 시작된 지가 10년 내외이고, 어른들은 인터넷 사용을 안 하는 경우가 더 많다. 대략 70년을 고립된 생활을 하면서 타문화를 접하지 못했으니 부모님 세대의 폐쇄성은 이해할 수 있는 부분이다. 쿠바 부모님 세대에게는 동양의 모든 것은 통틀어서 그냥 중국이다. 음악도, 드라마도,

언어도, 패션도 그들의 눈엔 생경한 '동양=중국' 것이라고 보인다. 보통 부모는 자녀가 착실히 공부하고 대학을 졸업한 뒤, 의료계나 관광업 같은 돈 잘 벌고 안정된 직업을 가지길 원한다. 그들에게 음악과 춤이란 재즈, 블루스, 삼바 등이다. 최근 3~5년 사이에 아시아에 대한 인식이 자리를 잡기 시작은 했으나 여전히 생소한 편이다. KCT 회원들 부모님의 반대 입장을 생생히 들었다.

다리타와 남동생 다리안

치과의사인 다리타의 경우, 이미 치과의사가 된 그녀를 심하게 통제하지는 못 한다. 춤 연습하느라 늦게 들어오고, K-POP 좋아하는 대학생들이랑 몰려다니는 것은 못마땅하지만, 다 큰 성인이고, 부모님들이 가장 이상적으로 생각하는 직업인 치과의사까지 된 이상 다리타에게 크게 뭐라고 할 수는 없다.

그러나 청소년기인 어린 남동생은 다르다. 동생이 한국 춤을 추고, 태권도를 배우고 한국어를 배우는 것을 부모님은 못마땅하게 생각하신다. 일단 누나처럼 대학 공부를 다 마치고 좋은 직업을 가질 것을 강조한다. 쓸데없는 것에 시간 낭비를 했으니 그 이상의 시간을 공부하라는 것이 부모님의 논리이다. 남동생에 대한 통제와 압박은 변함이 없다고 한다. 한국으로 치면 과학기술고등학교에 다니는 다리안은 성적도 상위로 잘 유지하고 있으니 곧 부모님의 제재가 풀릴 것으로 기대한다.

신랑·신부 제니와 이세

제니는 단순히 춤만 잘 추는 것이 아니라, 한국어로 노래도 잘한다. 공연 도중 스피커가 고장 나 음악이 끊기면 바로 라이브로 노래를 부르면서 춤을 추는 순발력과 넘치는 열정을 가졌다. 이런 제니에게도 걱정하는 부모님이 계신다. 부모님은 제니가 관광경영학 공부를 잘 마쳐서 관광업 쪽 진로로 직업을 가지면 좋겠는데, 화장하는 남자들과 중국 노래에 맞춰 중국 춤을 추고 다닌다고 걱정을 많이 하신다. 특히나 초기엔 노발대발 반대가 매우 심했다고 한다.

지금은 그녀와 함께 K-POP 댄스 전사가 된 남자친구 '이세'도 재미있는 이야기가 있다. 일본 컬처 클럽에 같이 다녔는데, 제니가 먼저 K-POP에 빠졌다. 여자 친구를 K-POP에 뺏긴 것 같은데, 그 동양 가수들을 보니 가관이다. 계집애처럼 화장을 하고선 이상한 춤을 추는 것이다. 초기에는 반대를 심하게 해서 많이 싸웠다고 했다. 하지만 여자 친구가 K-POP을 좋아하는 것을 멈추기는커녕 더 깊어지는 게 보이자, 이세는 마음을 바꿨다. "여자 친구가 그렇게나 좋아한다면 나도 같이 취미 생활을 해서 여자 친구와 더 가까워지도록 하자." 이후로 이세는 최고의 춤꾼이 되었다. 그뿐만 아니라 그들이 찍은 뮤직비디오 동영상 편집도 하고, 한국 영화에 스페인어 자막을 집어넣는 작업도 한다. 싫어하는 것과 좋아하는 것은 종이 한 장 차이라는 것을 증명해 보인 셈이다.

법학을 전공하고 있는 리즈는 KCT 클럽의 스태프로 핵심 구성원 중 하나이다. 쿠바 문화에 대해서 가장 객관적으로 잘 전달해 주는 역할을 한다. 리즈에게 들은 쿠바 부모님들의 마음을 정리해 보겠다.

쿠바 부모님들의 보수적인 성향에 대해서 설명하고, 남성성이 강한 쿠바 남자들에 대해서도 전해주었다. 그래서 한국 아이돌의 옷과 화장에 비난이 어떻게, 왜 쏟아지는지를 조심스럽지만 정성을 다해 설명해 주었다. 보수라는 뜻은 원래 전

리즈

통가치를 지향하고, 기존 사회체제의 안정적인 발전을 추구하는 것이다. 쿠바 부모들의 마음으로 보수를 풀어보자면, 끈기와 집념의 쿠바 국민들은 제한된 상황 안에서 가장 잘 사는 방법을 추구해야 한다. 그래서 수많은 직업 중, 존경받을 수 있고, 타 직업보다 높은 보수를 받으며 해외로도 나갈 수 있는 기회가 있는 의사라는 직업이 선호되는 것이다. 또한 팁(봉사료)이 나오는 관광업도 인기 있는 직종 이라고 한다. 이런 부모님의 마음을 잘 이해하므로 KCT 멤버들은 본인들의 본분인 학업을 우선적으로 하고, 여가를 잘 활용한다고 한다. 하지만 그럼에도 부모님들이 못마땅해하는 걸 막을 수는 없다고 한다.

아나

건축학을 전공하고 있는 아나, 올긴 지역에서 카마구에이로 이사 온 그녀의 부모님은 다 이해하신다고 한다. 처음에는 반대가 있었으나 본인의 할 일을 게을리하지 않는 것을 증명한 후 모든 것을 이해해주게 되었다고 한다. 그녀의 부모님도 자기 할 일 다 하고 하는 취미생활에는 협조적일 수밖에 없지 않앉을까 한다. 아나와 리즈는 친구로부터 한국 컬처 클럽에 관한 이야기를 처음 듣고, 첫 이벤트에 갔다. 이후 한국이라는 나라에 대한 생각이 계속 떠오르고 더 이상 참을 수가 없어 친구 리즈와 함께 회장인 릴리안을 2주 동안 찾아 헤맸다. 그들은 릴리안을 만나 멤버로 받아주고 제발 일을 할 수 있게 해달라고 졸랐다.

리즈는 이런 생각이 들었다고 한다. "와~ 나랑 같은 음악을 듣고, 같이 춤을 추고, 내가 궁금해 하는 한국 문화에 대해 얘기를 나눌 수 있는 사람들이 모여 있는 곳인데, 다들 좋은 사람들이야. 게다가 내가 모르는

내가 손수 만든 머리띠와 준비해 간 한복을 입은 아나와 리즈

한국 문화를 가르쳐 주기도 해. 와~ 이런 신세계가 있다니…." 너무 좋아서 눈물이 났다고.😊 단순히 한국 음악을 듣고 춤추는 정도가 아니라 몰랐던 점을 배우고 토론도 할 수 있다니. 이벤트의 모든 부분이 다 좋았다고, 운영진이 되어 함께하는 모든 일이 신나고 재미나고 좋았다고 한다.

쿠바의 대학생들은 학교에서 용돈을 받는다

쿠바의 대학생들은 학비가 무료인데, 정부로부터 용돈도 받는다. 우리나라에 있는 근로 장학생의 개념이 아니라 진정한 용돈이다. 봉급(Stipend)이라고 불린다. 기본 금액은 대학 1학년은 100페소, 2학년은 150페소, 3학년은 200페소, 4학년은 250페소를 한 달에 한 번씩 받는다. 만약에 조교를 하거나 학교에서 일을 한다면 그 노동에 해당하는 돈을 용돈에 합쳐서 더 받는다. 치과의사가 한 달에 60달러(대략 1675페소)를 받고, 일반 노동자들이 한 달에 430페소를 받는 걸 고려하면, 대학을 안 가는 것이 손해이다. 쿠바의 학구열과 수준은 높은 것 같다고 전하고 싶다. 쿠바인들의 생활 수학 계산 능력과 대화할 때의 상식 수준은 항상 평균 이상이었다. 정치적 상황으로 인해 일반적으로 비교할 수 있는 수치가 없어서 이론적으로 설명하지 못하는 것이 매우 안타깝다.

*여기서 나온 금액은 페소로 쿠바인들이 쓰는 CUP이다.

아투로의 아버지 데이븐(Daven)은 변호사이자 엔지니어이다. 회장 릴리안이 KCT를 시작할 때 클럽 정관은 변호사의 도움이 필요했다. 아투로가 KCT에 합류하기 전에 아버지는 이미 클럽의 목적과 활동할 내역을 미리 알 수밖에 없었다.

KCT의 대표 가족, 부회장 아투로의 부모님

KCT 이벤트가 본격적으로 시작했을 때 부모님이 아투로를 데리고 갔다. 어머니와 아버지는 스태프들의 열정과 마음을 알고 있었고, 아들이 이들과 친구를 하면 좋겠다고 생각했다. 그렇게 아투로가 KCT에 합류하면서 여러 가지 방법으로 한국 문화를 지지하고 사랑하는 가족이 완성되었다. 아들은 KCT의 부회장이자 가장 K-POP 춤을 잘 추는 회원들 중의 한 명이 되었다. 한편, 어머니는 한글 학교에서 한글을 가르치고 한국 음식을 쿠바의 재료를 사용해서 어떻게든 만들어 낸다. 아들을 단순히 지지하는 정도가 아니라 한국 문화를 다른 방면에서 전파하는 어머니인 것이다. 아버지의 지지야 두말할 필요가 없다. 젊은이들에게 부모님의 지지야말로 영혼의 비타민 같다는 것을 몸소 보여주고 있는 가족이다. 그래서인지 아투로의 한국 문화에 대한 이해는 내가 상상하는 것 이상을 뛰어넘었다. 아투로는 한국 문화를 존경하고 있고 쿠바에서도 배워야 한다고 주장한다. 그가 한국 문화에서 가장 충격을 받은 점이 쿠바에는 없는 배려와 서로 돕는 문화라고 했다. 이 가족, 정말 멋진 가족 아닌가!

▬ Korea-Cuba, Camaguey Together, KCT 클럽과 조직도

여기 11명의 KCT(Korea-Cuba, Camaguey Together, 이하 KCT라고 칭한다) 스태프가 있다. 이들은 자발적이고, 보수적이지 않으며, 본인의 시간은 물론 돈까지 쓰면서 활동한다. 설문지에서 보면, 이들을 향한 일반 회원들의 시선을 알 수 있다. KCT 스태프들이 한국에 대해 얼마나 이해하고 전달하는지, 얼마나 열정이 넘치는지, 멤버들을 어떤 마음으로 대하는지를. 이들이 바로 한국 문화 지속성의 핵심 열쇠이다.

하바나에 있는 한국 문화 박물관을 다 같이 둘러보았다.
(왼쪽부터) 아나, 릴리안, 아투로, 리즈, 사쿠야, 엘리자베스

내가 손수 만들었다고 하니, 남자인 아투로와 이세까지 머리띠를 하루 종일 하고 다녔다.
공원에서 K-POP 춤도 추고, 제기차기도 하며 즐거운 시간을 보낸 날 찍은 사진 한 장.
(왼쪽부터) 엘리자베스, 제니, 이세, 리즈, 사쿠야, 아나, 아투로

조직도

회장과 부회장은 어떤 순간에도 변경 및 결정을 내릴 수 있는 권한이 있다. 예기치 않은 일에 대한 결정과 답변을 제공하며, 나중에 회의에서 취한 선택에 대한, 의견과 비판에 대한 책임을 진다. 활동에 대한 충돌 및 지연을 방지하기 위해 최선을 다한다.

임직원 스태프들은 다들 대학생 혹은 직장인으로 자발적으로 봉사하고 있다. 매달 회의를 통해 임무가 주어지는데, 같은 직책이 유지되면

서 새로운 임무가 부여될 때도 있다. 스태프의 대부분이 이 지역에 하나 있는 국립대인 카마구에이 대학(Universidad de Camagüey Ignacio Agramonte y Loynaz)에 다니고 있다.

- **릴리안, 회장:** 전체적인 조직의 작업을 감독한다. 부회장과 긴밀한 협의 하에 스태프들의 세부 작업을 지휘하고 감독한다. 클럽 대표로서 모든 외부의 일들의 임무를 수행한다. 지역의 다른 컬처 클럽들, 쿠바 정부 산하의 문화부 관련 일과 국제단체와 협의를 할 때도 대표로서 책임을 다하고 있다. 클럽 내외부의 세세한 코디네이터 역할도 하고 있다. 든든한 회장이다.

- **아투로, 부회장:** 다른 스태프들의 작업을 감독하고, 최선의 방법으로 수행되도록 지휘한다. 회장의 출장이나 공석에 대비, 임무를 대신 수행하기도 한다. 클럽의 중요한 결정을 내릴 때 부회장의 의견으로 균형을 맞추며, 책임과 의무를 함께 수행한다.

- **아나, (멤버십) 감사:** 멤버십 목록을 업데이트하고 멤버십 카드 업데이트 및 발송을 담당하며, 각종 기록 관리를 한다.

- **엘리즈베스, 서기:** KCT 활동을 기록한다. 회의와 활동에 관한 모든 기록을 담당하며, 다음 분기 활동을 위해 모아진 자료들을 보관한다. KCT의 과거와 현재에 관한 모든 기록과 보관 담당.

- **리즈, 서기관:** KCT의 과거 현재, 모든 활동의 기록을 보관하고 유지한다.

- **사쿠야, 무대 보조:** 무대에서 일어나는 모든 일을 수행한다. 공연자들 대기와 공연 진행을 돕는다. 그녀는 모든 무대에서 공연이 매끄럽게 진행되도록 돕는다.

- **이세, 디지털 영상 PD:** 무대에 올라가는 모든 자료를 검토, 조언하고 개선한다. 음악, 비디오 자료들을 검토하고 편집한다. 이벤트마다 3개 미만의 영상들이 올라가는데, 이것들을 편집하고 감수한다.

- **카이토, 디지털 영상 CP:** 모든 편집된 디지털 자료를 검토하고 담당한다. 편집된 영상이나 자료에 자료를 추가하거나 잘라내기도 하는 최종 편집권자이다.

- **제니퍼, 홍보 담당:** 그녀는 클럽의 소셜 네트워크를 담당하며 홍보한다.

- **마레이니스, 회계:** 클럽의 수입과 소비에 관한 회계 담당. 회원과 직원으로부터 멤버십 비용을 수집·보관하며, 클럽의 자금을 총괄 수집하고 보관한다.

- **다리타, 디지털 데이터 관리:** 이벤트에서 사용하는 모든 디지털 자료를 수집하고 보관한다.

그 외 임시 스태프들

- **영상 담당:** 화면 프로젝션(projection) 제어, 일시 중지, 건너뛰기 등 화면 제어를 담당한다.
- **영상 담당 도우미:** 영상을 담당하는 사람들을 돕는 도우미들. 프로젝션 수행자의 메시지를 전달한다.
- **조명 담당:** 조명 제어, 조명 켜기, 끄기 및 타이밍 담당한다.
- **멤버십 수집가(2명):** 주요 활동에 대한 멤버십 비용을 걷어 마레이니스에게 전달한다.
- **문지기:** 입장과 착석을 돕는다.
- **관객 도우미:** 무대 공연 시에 필요한 관객들의 호응, 반응을 돕는다. 만일에 일어날 수 있는 나쁜 사태에 대비하고 대응하기도 한다.

일본 컬처 클럽과 다른 컬처 클럽들 그리고 KCT

카마구에이에서는 이미 여러 다른 컬처 클럽들이 쿠바 정부나 해당 문화 국가의 지원을 받아 존재하고 있다. 하이티인들 클럽, 아프로-쿠반 클럽, 중동 컬처 클럽, 중국 클럽 등 여러 국가와 문화에 대한 클럽들이 있다. 해당 국가나 해당 민족에 속한 사람들이 모여 만든 그룹들이 대부분이다.

특히 일본 컬처 클럽은 일본대사관의 적극적인 협조와 지원을 받고 있다. 체 게바라가 통상사절단을 이끌고 1959년 일본에 방문한 이후, 일본과의 관계는 지속되어 왔다. 일본 컬처 클럽은 일 년에 4번 모여 이벤트와 축제를 진행한다고 한다. 일본 음악, 비디오게임과 게임 토너먼트, 애니메이션 상영. 그리고 일본에 대한 퀴즈를 진행하고, 일본 제품들 판매도 한다. 여러 종류의 임시 카페를 열어 일본 음식을 판매한다.

제니, 이세, 사쿠야는 원래 일본 컬처 클럽의 회원이었다. 제니와 사쿠야는 일본 문화에 대한 프로젝트를 하면서 친해졌다고 한다. 엘리자베스와 카이토도 원래는 일본 문화를 좋아하면서 즐겼고 현재도 애니메이션과 망가를 본다고 했다. 오랜 기간 즐겨왔던 문화를 군이 관둘 이유가 없고, 취미였던 예전의 것을 나쁘게 볼 이유도 없다. 그럼에도 불구하고 한국 음악과 드라마, 문화가 좋아서 클럽의 스태프로 무보수로 일하며, 때때로 돈을 써가며 봉사하는 이들에게 감사한다. 이들의 조직이나 정기행사 비정기행사들의 내용들을 보면 한국의 중소 기획사가 하는 일과 비등하거나 그 이상의 일들을 하고 있다. KCT 멤버들의 다수가 일본 컬처 클럽과 KCT를 함께 즐긴다고 한다. 그럼에도 설문에서 보이는 한국 문화를 바라보는 시각을 보면 대단하다는 생각이 든다. 설문의 답들이 매우 진지하고, 우리가 생각해 봐야 할 부분들이 매우 많다. KCT 멤버, 이들의 코로나 시대 생활의 일부는 한국 드라마이다. 설문을 보면 하루에 4~8시간 한국 드라마 시청하기부터 8시간 이상 시청한다는 대답까지 나왔다. 이는 코로나로 일이 없어지고, 혹은 격리를 하는 데 있어 한국 드라마가 그들의 시간을 함께한다는 반증이다.

반면, 어떠한 지원도, 어디에서도, 아무것도 받지 못하지만 그저 한국이 좋아서 자발적으로 모인 KCT는 모든 것이 다르다.

▬ KCT 한국 컬처 클럽 운영 방식

첫째, 셋째 주 일요일 오후 5시부터 8시까지, 한 달에 두 번씩 이벤트를 한다. 스태프들이 모여서 2주 동안 준비한 내용들로, 한국 문화에 관련된 영상들을 모아서 편집해서 상영하고, 한국 댄스를 선보이며, 게임과 퀴즈를 진행한다. 이 경우 입장료는 10페소.

한 달에 한 번씩은 특별 멤버들을 위한 K-POP 댄스 이벤트도 진행한다. 이 경우에는 25페소의 입장료로 받는다. 한 달에 세 번 이벤트를 자발적으로 진행하는 것이다. 8월에는 여름 축제를 크게 연다. 'K-DanSing Together'라는 행사이다. 행사 첫날밤, 갈라쇼(galashow)를 열어 드레스나 정장을 갖춰 입고 영화나 드라마를 상영하고, 다음날에는 음악 관련 행사를 크게 진행한다. 입장료는 대부분 장소 대여비에 충당되고, 그 외 이벤트에 필요한 장비나 재료비에 다 쓰인다.

2018년, 2019년 'K-DanCing Together' 포스터
이 축제의 최대 인원이 몰려들어 동네 전체가 들썩인다고 한다.

이렇게 자발적으로 생겨났으나, 프로페셔널하게 움직이는 조직이 된 KCT는 어떻게 시작되었을까? 2015년쯤, 일본 컬처 클럽에서 만나 소셜 미디어로 대화를 나누며 모이게 된 작은 모임 두 개가 있었다. 아시아 문화에 관심이 있었던 청년들이라, 또 다른 아시아 나라인 한국의 음악과 드라마를 시청하고 대화를 나누며 모이기 시작한 것이다. 릴리안, 제니, 다리타의 주도로 따로 한국 문화에 관한 모임을 가지기 시작했다. 정기모임을 가지다가 정식으로 2016년 11월에 독자적으로 한국 컬처 클럽을 만들게 되었다. 다른 컬처 클럽과는 달리 어디에서도 도움을 받지 못한 채로 시작하느라 지금과 같은 완전한 체계를 스스로 갖추기까지 많은 우여곡절이 있었다고 한다.

회장 릴리안과 마레이니스가 우연히 방문하게 된 작은 컬처 클럽 "EJO 프로젝트"라는 곳에서 목요일에 장소 대여가 마침 가능하다는 걸 알게 되었다. 그 기회를 시작으로 한국 문화 공식 이벤트의 포문을 열었다. 미지의 문화, 처음 지역사회에 전달되는 새로운 문화를 알리기 시작한 것이다. 2017년, 정식으로 한국 컬처 클럽을 결성하고 첫 이벤트를 열었다.

문화센터에서 음향 시설과 프로젝터 등의 장비를 사용하면서 장소를 빌려 쓰는데, 1인당 10페소의 입장료를 센터에 내는 것을 조건으로 걸었다. 처음이라 이벤트를 무슨 내용으로 무엇을 어떻게 진행해야 하는지, 한국인 후손을 찾아내 물어보고, 하바나에서 아이디어를 구하기도 했다. 첫 이벤트에 30명이 왔다. 그 이후로 현재의 조직과 스태프가 있는 전문 기획사 수준으로 성장한 것이다.

KCT 조직이 만들어지고, 성장하면서 클럽의 목적과 목표가 정해졌다. K-POP과 K-DRAMA를 즐기는 한편, 한국 사회의 문화와 역사를 제대로 이해하고 지역사회에 전달하기가 이 그룹의 목적이다. 이것에 도달하기 위해 세부 목표들이 세워지고, 각종 이벤트와 축제를 열면서 오늘에 이른 것이다. 한국에 관한 자료도 그렇고, 모든 활동이 아무런 경제적 지원이 없어 스태프들도 돈을 내면서 일을 하게 되니 힘든 문제들이 곳곳에서 튀어나왔다. 부모님을 지속적으로 설득하는 난제도 넘어야만 했다. "쓸데없는 것에 시간을 낭비"한다며, 자녀의 미래를 걱정하는 마음을 달래야 할 무언가가 필요했다. 무엇보다도 한국 문화에 관한 자료들이 더 있었으면 좋겠다 싶었다. 회장 이하 스태프들은 여기저기 수소문해 도움을 찾기 시작했다. 하바나에도 한국 클럽이 있고, 그 클럽은 어디선가 원조를 받는다고 들었다. 그래서 하바나에 있는 그 한국 클럽에 연락하고 회장을 만났다. 문제가 생겼다.

그 하바나의 한국 컬처 클럽은 KCT의 총체적인 한국 문화 이해하기라는 정체성을 버리고, 거기에 속한 하위그룹으로서 K-POP 댄스에만 집중하길 강요했다. 우리 KCT는 이미 전반적인 한국 문화에 관심이 매우 깊고, K-POP을 포함한 다른 한국 문화들도 함께 해야 한다고 멤버들이 다함께 주장했다. 또한 하바나에서 열리는 "K-POP World Festival"에 참여하려면, 각 단체의 정체성과 색채를 지우고 참여하라고 했다.

한국 문화를 진심으로 사랑하는 입장에서, K-POP뿐만 아니라, 한국의 전반적인 문화를 이해하고 실행해 나가자는 입장을 가진 KCT는 하바나에 있는 큰 그룹의 하위단체가 되는 것을 거부했고, 아무런 도움을 받지 못했다. 이후 자료나 그 외의 도움을 받을 곳을 수소문 중이다. 총괄 서기직을 맡고 있는 리즈가 처음 스태프로 일하게 된 계기를 보면, KCT가 어떤 성장 동력을 가지고 있는지 이해할 수 있다.

쿠바–아리랑 공연을 마친 후

(왼쪽부터) 아나, 리즈, 엘리자베스, 사쿠야, 제니

2018년 'K-DanSing Together'에 참가한 참여자 그룹

2019년 축제의 경연대회에 참가하기 전에 연습하는 참가자들

■ KCT, 한국 문화 전파의 정수를 보여주다
: KCT 임원들, 쿠바의 신인류

KCT는 한국 드라마와 노래를 즐겨오던 3명이 만나 시작했다. 현재 회장인 릴리안, 치과의사 다리타 그리고 대학생 제니를 주축으로 시작되어 현재는 평균 300명, 많으면 600명까지 모이는 거대 컬처 클럽이 되었다.

이들은 왜 어쩌다가 한국 문화에 이토록 깊이 빠져든 것인지 궁금하지 않은가? 한국에 대해 어디까지 알고 이해하고 있는지 궁금하지 않은가? 무엇 때문에 한국을 좋아해서 다른 클럽처럼 지원도 받지 못하는데 자발적으로 자신들의 돈과 시간을 엄청나게 할애하며 일을 하는 것이 이해가 가는가?

단순히 K-POP만 좋아하는 것이 아니라, 드라마, 음식, 한국 사회까지 파악하고, 한국의 높은 자살률을 진심으로 걱정하는 KCT의 핵심 스태프들을 직접 만나서 물어보았다. 언제부터, 어디서 알아내서, 무엇을, 어디까지, 반대하는 부모님을 설득해 가면서 도대체 왜 이렇게까지 좋아하는지를.

질문은 육하원칙의 기본 틀에서 만들어졌으며, 한국에 대해 어디서부터 어디까지 알고자 했다. 질문은 아래와 같다.

1. 한국에 대해서 알고 있는 것을 써보자(음식, 패션, 장소들 포함).
2. 한국 문화와 음악에 대해서 어떻게 알게 되었는가?
3. 어떤 점 때문에 한국 문화와 음악에 빠져들게 되었는가?
4. (도대체) 어떤 특별한 점에 끌려서 한국 문화를 좋아하게 되었는가? 가

장 좋은 점은 무엇인가?

5. 한국 문화와 음악 관련해서 주로 무엇을 연습하는가?

6. 한국인과 대화할 기회가 있다면 어떤 주제로 대화해 보고 싶은가?

7. 만약에 한국 물건이 쿠바에 들어올 수 있다면 어떤 것을 원하는가?

8. 한국에 대해 더 알고 싶은 것이 있다면 무엇인가?

그들을 만난 첫날, 이 질문들을 전해주며 어떻게 대답할 건지 생각을 많이 한 후에 답을 적으라고 했다. 이틀 후에 이 설문지를 가지고 한 사람씩 돌아가며 대략 30분 정도의 인터뷰를 했다. 해석하는 데 있어 의역이 있기도 하지만, 인터뷰를 통해서 설문지에 의미가 불분명하게 적혀진 것에 대해, 정확한 의미를 확인하며 보충작업을 마친 후 아래와 같이 정리된 점을 미리 밝힌다.

❶ 클럽 회장: 릴리안(Lilianne Bueno Elias)

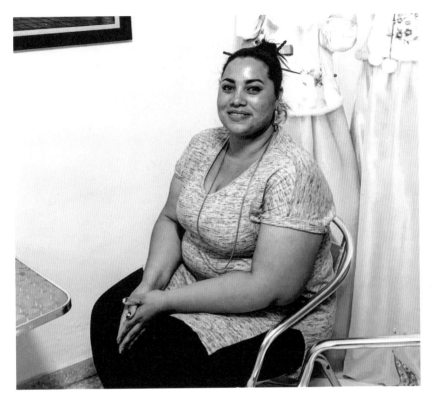

Q1. 한국에 대해서 알고 있는 것을 써보자(음식, 패션, 장소들 포함).

　　한국의 국가명은 '대한민국'. 과거 한국전쟁 후 가난했었으나, 한국인들이 단결하여 오늘날의 성장을 해서 세계적으로 경제력이 강한 나라가 되었다. 최근까진 (남미에) 한국 문화가 잘 알려지지 않았으나, K-POP과 K-DRAMA를 통해 한국 문화가 알려지기 시작했다. 한국에는 큰 엔터테인먼트 사업들이 음악과 드라마들을 생산하고 있음을 알고 있다. 이런 (새로운) 형태의 역동적인 한국 사회는 우리 같은 남미권 사람에게 매우 흥미롭게 다가왔다. 현재 우리는 한국 음식, TV쇼, K-DRAMA, K-POP, 트로트, 한국의 전통음악인 판소리도 알고 있고, 전통무용도 알게 되었다. 각종 기념일들인 화이트 데이, 블랙 데이, 빼빼로 데이 등도 알고 있다. 광복절도 안다. 남산타워, 한강, 한강의 다리들, 의료 시스템, 교육, 교통에 관해서도 안다. 역사는 조선 시대, 신라 시대, 고려 시대 정도를 안다. 물론 한국 영화도 안다. 그리고 인터넷으로 한국에 대해서 더 많이 알아보려고 찾아보는 걸 게을리하지 않는다.

Q2. 한국 문화와 음악에 대해서 어떻게 알게 되었는가?

친구가 K-POP, K-DRAMA에 대해 말해주며, 음악과 드라마가 가득 담긴 USB를 건네준 이후 나는 (시청하는 것을) 멈출 수 없었다.

Q3. 어떤 점 때문에 한국 문화와 음악에 빠져들게 되었는가?

(비디오를 통해 반복적으로 보이는) 전반적으로 상부상조하는 한국의 사회 모습이 훌륭했다. 노인을 공경하고 서로 돕는 모습도 좋았다. 더불어 한국의 역사도 너무 멋졌다.

Q4. (도대체) 어떤 특별한 점에 끌려서 한국 문화와 K-POP을 좋아하게 되었는가? 가장 좋은 점이 무엇인가?

한국 음식들, 간식들, 전통무용, 화장과 의상 스타일, K-POP, K-DRAMA, 버라이어티 쇼

Q5. 한국 문화와 음악 관련해서 주로 무엇을 연습하는가?

한국어, 한국 음식, 화장법, 패션스타일, 한국의 사회 관습과 가치(서로 돕는 상부상조)

Q6. 한국인과 대화할 기회가 있다면 어떤 주제로 대화해보고 싶은가?

왜 젊은 사람들이 자살을 하는가?

왜 사회적으로 (젊은이들이 갖춰야 할 기본 자질, 스펙) 요구하는 것들이 많은가?

쿠바 문화에 대해서 어떻게 생각하는가?

Q7. 만약에 한국 물건이 쿠바에 들어올 수 있다면 어떤 것을 원하는가?

(한국만의) 전통 기념품, 한국어 교재, 화장품, (초코파이 같은) 한국 간식

Q8. 한국에 대해 더 알고 싶은 것이 있다면 무엇인가?

(주한) 외국인들에 대한 취직 시스템, 한국의 (산업) 기술들, 한국 전통 무용, 힘들어하는 젊은이들의 문제점이 무엇인지 알고 싶으며, 도울 수 있다면 돕고 싶다.

많게는 600명 정도까지 모였다는 KCT의 회장다운 대답이었다. 한국에 대해서 알 수 있는 건 인터넷으로 다 찾아보고 학습하고 있었다. 한국의 다양한 모든 것들에 대해 관심이 있고 알아보고 공부한다. 또한 마을의 청소년들을 깊은 애정과 관심으로 살피고 챙겨준다. 그래서 무료한 시간에 다른 거 하지 말고, 여기 선한 영향력을 발휘하는 한국 문화가 있으니 같이 즐기자는 마음가짐으로 KCT를 운영하는 것이다. 마을 어른들의 무시와 반대를 설득하고 이겨내려고 애를 쓰고 있기도 하다. 내 입장에서는 이렇게 한국이 좋아서 애쓰는 이들을 도와 어떤 방법으로든 한국을 좋아하고 실천하면 좋은 일이 생긴다는 것을 보여주는 사례를 만들고 싶은 욕심이 생기기도 했다. 새로운 문화를 접했을 때 드는 반감과 저항은 어찌 보면 보편적인 일이기도 하다. 그래야 그 나라 고유의 문화를 지키고 영속할 수 있다고 여길 수도 있다. 우리나라에서 일본 문화가 개방되었을 때, 우려했던 부분의 결과를 보면 많은 것을 알 수 있다. 결과적으로 우리 문화가 일본 문화에 종속되지도 않았을 뿐더러 한류(Korean wave)가 전 세계에 넘실대고 있으니 말이다. 이런 점들을 지켜보며 성장한 한국의 X세대인 나는 릴리안을 도와 쿠바에 한국 문화를 전달해주고 싶다.

릴리안은 처음 만나 단독대화를 할 때 한국의 자살률이 높은 점을 매우 안타깝게 여기고 있음을 전했다. 우리가 만난 그즈음(2020년 2월)이 한국의 가수 구하라와 설리가 하늘로 간 지 얼마 되지 않은 시점이기도 했다. 어리고 재능을 가진 두 가수가 그렇게 떠난 것에 충격을 받았고, 매우 가슴 아파했다. 미국의 무역 재제로 쿠바인들은 쿠바에 남아있는 모든 것을 활용하며 70년을 넘게 버텨왔다. 그래서 쿠바인들은 어떠한 난관도 대처하고 해결해서 무조건 살아남는 것이 그들의 삶이라고 했다. 이런 쿠바의 정신을 공유해서 젊은이들의 안타까운 죽음을 막을 수만 있다면 그렇게 하고 싶다고 했다. 쿠바 사람들에게 자살은 있을 수 없는 일이라 했다. 이런 상황에서 한국 뉴스로 자살을 처음 접하니 문화충격을 받을 수도 있겠다. 그리고 KCT의 회장이자, 29살 맏언니의 동생들 보살피는 심정을 엿볼 수도 있었다. KCT의 회원들은 대부분 중학생, 고등학생, 대학생들이다. 그래서 더욱 동생 같은 우리나라 청춘스타들의 소식이 더욱 마음 아프고, 같이 슬퍼하는 회원들을 보며 더욱 슬퍼했을 그녀가 그려진다. 릴리안이 이끌어온 KCT 활동들을 보면 어떻게 저런 것까지 기획하고 진행했을까 놀라운 점들이 많다. 이보다 더 든든할 수가 없다.

❷ 클럽 부회장: 아투로(Arturo Estopinan Ramos)

Q1. 한국에 대해서 알고 있는 것을 써보자(음식, 패션, 장소들 포함).

한국의 중요한 것들에 대해선 알고 있다. 역사, 음악 장르, 관습 등에 대해서 들어봤고, 이름들을 알고 있는 수준이다. 기본적인 지식을 알고 있을 뿐 자세히는 모른다.

Q2. 한국 문화와 음악에 대해서 어떻게 알게 되었는가?

3년 전쯤(2017년) 친구가 K-POP 커버댄스(cover dance)를 처음으로 보여주었다. 한국 문화에 대해 본격적으로 알고 배우기 시작한 것은

KCT에 들어오고 나서부터였다.

Q3. 어떤 점 때문에 한국 문화와 음악에 빠져들게 되었는가?

한국 문화에서만 볼 수 있는 것들이 있었다. 쿠바와 완전히 다른 점들에 충격을 받고 배워야 된다고 생각했다. 한국에서의 정을 기본으로 하는 인간관계, 헌신, 그리고 개인적 성격에서 발현되는 의리 등등. 한번 한다고 하면 끝까지 파고드는 한국 사람들의 집요함을 보면서 배워야 한다고 생각했다.

Q4. (도대체) 어떤 특별한 점에 끌려서 한국 문화를 좋아하게 되었는가? 가장 좋은 점이 무엇인가?

딱 하나만 말하자면 한국 사람들은 신의를 지킨다는 것이다. 말한 것은 지키는 모습을 존경한다. 그 말을 지키려 노력하고 헌신한다. 사는 데 있어 이러한 헌신이 가장 중요하고 필요하다.

Q5. 한국 문화와 음악 관련해서 주로 무엇을 연습하는가?

음악에 맞춰 춤을 추는 것이 정말 좋다. 음악은 K-POP에 맞추기도 하고, 다른 장르의 한국 음악도 좋다. 일상생활에서는 타인을 대할 때 한국식 존경법으로 공손하게 대하고, 일을 할 때 인내와 헌신하는 마음으로 일한다.

Q6. 한국인과 대화할 기회가 있다면 어떤 주제로 대화해보고 싶은가?

문화의 차이에 대해서 대화를 나눠보고 싶다. 쿠바 문화와의 차이점에 대해서 논의를 해보고 싶다. 그리고 타문화의 장점을 배우고 쿠바 사람들에게 전하고 싶다.

Q7. 만약에 한국 물건이 쿠바에 들어올 수 있다면 어떤 것을 원하는가?

역사적 의미를 가진 물품들, 전통 물품들, 수공예품들.

Q8. 한국에 대해 더 알고 싶은 것이 있다면 무엇인가?

일상생활을 풍요롭게 하는 선진 산업 기술들. 그리고 나를 발전시킬 수 있는 한국의 모든 문화들. 그리고 한국인들이 살아가는 일상생활들, 한국인으로 살아가는 모습들.

아투로

'아투로'는 만나기 전 문자로 대화할 때부터 공손했다. 문자만으로도 차원이 다름을 알 수 있었다. 만나서도 한국식으로 고개를 숙여 인사했고, 같이 지내는 3일 내내 진심이 보였고 최선을 다하는 것이 느껴졌다. 문자로 대화를 하던 기간부터 만나서 같이 지낸 날, 그리고 알고 지낸 지 1년이 되어가는 현시점에서 아투로의 모든 대답은 진심이라는 걸 내가 보장한다. 무한 긍정의 마음으로 한국을 보고 있는 이 청년의 대답에 '우리가 이 정도로 공손하고, 끈기 있으며, 희생하는 사람들인가?'하고 자문을 구하는 분들이 있을지도 모르겠다. 백인백색이라 그런 사람도 있고 아닐 수도 있는 법이니까. 그렇기 때문에 이런 방향에서 생각해 보길 권한다. 한국이란 나라의 전체적인 성향을 보면, 다른 나라 어디에서도 찾아보기 힘든 한국만의 '정'이 있다. 이것이 너무 발현되면 오지랖으로 가기도 하지만, 우리는 기본적으로 '정' 때문에 주변인이 굶는 것을 방관하는 것을 최대 죄악으로 여겨 국밥 한 그릇이라도 꼭 먹여야 마음이 편안해지는 국민이 아니던가? 코피를 흘리는 학생을 보면 당장 손수건이라도 내어주고, 편의점 달려가 코피 닦을 휴지 사다 주고, 심장 압박이 필요하면 자격 있는 사람은 바로 압박을 시작하며 그걸 지켜보는 사람들은 체온이 떨어질까 봐 옷을 벗어 덮어주기도 하며 또 다른 사람들은 바로 119에 연락한다. 도로에 뭔가 쏟아진 것을 보면 "아이, 왜, 무슨 일이야?" 하면서도 바로 달려 나가 합심해서 금세 깔끔하게 치워버리는 것이 한국 사람들이다. 그러니 그 정도로 대단한 건 아닌데 하며 드는 자책감은 일단 곱게 접어두길 바란다.

쿠바에서는 이런 한국 사람들의 정이란 것이 없고, 한국 방식의 인간관계가 없다. 나라와 문화가 다르니 어찌 보면 당연한 일인데, 아투로에게는 신선한 충격이었고 한국을 더 많이 알고 배우고 익혀서 쿠바에도 전달해야겠다는 결심이 현재의 그가 된 것이다. 혹시라도 이 부분을 읽으며 '나는 한국인이 맞나?' 하는 죄책감이 조금이라도 든다면 한국인의 '정'이라고 생각되는 일들에 대해 긍정적인 마음가짐을 가지는 것부터 시작해보길 권한다. 그리고 분명히 있을 것이다. 한 번이라도 타인에게 손 내밀어 도움을 줬던 기억이.

한국식으로 생각하고 행동하는 것을 실천하던 그는 '아리랑'을 공연하는 데 동참하고 싶었다. '아리랑'을 들어보니, 아무리 생각해도 쿠바 청소년들에게는 너무 느려서, 음악이 나오면 흥미를 잃을 것이 눈에 선했다. 그래서 빠르게 비트를 바꾸고 다른 비트를 넣어 편곡했다. 그리고 춤동작을 고심하는 댄스팀에 편집된 아리랑을 넘겼다.

아투로라는 쿠바 청년이 한국인들의 선한 행동을 일상생활 속에서 실천하고 있음을 기억하며, 한국의 선한 영향력을 더욱 키워나가면 좋겠다.

❸ 다리타(Darianna Fernandez Crespo)

Q1. 한국에 대해서 알고 있는 것을 써보자(음식, 패션, 장소들 포함).

한글과 한국어, 짜장면, 소고기, 비빔밥 등 한국 음식 몇 가지, K-POP, K-DRAMA, 그리고 일반적인 한국 문화.

Q2. 한국 문화와 음악에 대해서 어떻게 알게 되었는가?

2012년쯤, 어머니와 함께 〈천국의 계단〉이라는 한국 드라마를 보면서 한국 문화에 대해서 알게 되었다.

Q3. 어떤 점 때문에 한국 문화와 음악에 빠져들게 되었는가?

모든 것에 있어 한국만의 색다른 표현력에 빠져들게 되었다. 쿠바와는 다른 문화의 차이점들과 특히 다른 직업윤리를 보면서 좋아하게 되었다.

Q4. (도대체) 어떤 특별한 점에 끌려서 한국 문화를 좋아하게 되었는가? 가장 좋은 점이 무엇인가?

섬세하고 자세한 점이 좋다. 그중에서도 K-POP이 제일 좋다. K-POP만의 스타일, 리듬, 춤이 정말 좋다.

Q5. 한국 문화와 음악 관련해서 주로 무엇을 연습하는가?

언어를 배우고, 춤을 연습한다.

Q6. 한국인과 대화할 기회가 있다면 어떤 주제로 대화해보고 싶은가?

쿠바와 한국의 문화의 차이점에 대해서 설명하고 싶다. 내가 가장 흥미로워하는 부분이 같으면서도 다른 점들이 있기 때문이다.

Q7. 만약에 한국 물건이 쿠바에 들어올 수 있다면 어떤 것을 원하는가?

화장품, 건강보조식품, 패션 상품, 음식.

Q8. 한국에 대해 더 알고 싶은 것이 있다면 무엇인가?

(인터넷, 유튜브를 통해서만 접하고 있는) 일반적으로 매체를 통해서 알고 있는 한국 문화에서 더 확장된 한국의 진짜 관습과 생활 등을 알고 싶다.

다리타

앞서 치과의사로 소개된 '다리타'이다. 400명 넘는 회원들이 대부분 학생인 점을 고려할 때, 치과의사인 그녀의 위상은 사실 남다르다. 쿠바의 부모님들이 '중국 춤이라니 시간 낭비다', '저 계집애들처럼 화장한 중국 남자들 따라 하는 모습 더 이상 못 봐주겠다', '할 일은 다했니? 숙제는 다 했니?', '대학 졸업하고 좋은 직장 가져야지'라는 소리가 나올 때 좋은 방패막이 역할을 해 줄 수 있는 그녀는 K-POP 댄스를 추는 치과의사이다. 치과의사라서 그녀는 동네에서 더 유명하다. 그러다 보니 KCT 회장 릴리안은 다리타를 앞세울 때가 많다. 할 일 다 하고, 공부도 다 하고 의사까지 된 사람이 즐기는 K-POP이니, 동네 어른들에게 "우리는 할 일 다 하고, 공부도 다 하고 여가생활을 즐기는 거예요."라고 보여줄 수 있기 때문이다. 게다가 청소년 회원들이 공부를 더 열심히 하도록 동기부여를 할 수도 있다. 쿠바는 평등을 지향하는 사회이지만, 그래도 더 돈을 많이 받고 해외로도 나갈 기회가 있는 직업에 대한 선호도와 인식이 높을 수밖에 없다. 부모님들이 선호하는 직업은 바로 의사. 그런데도 다리타는 여러 직업 중의 하나인 의료 계통의 직업일 뿐이라고 말하는 겸손도 지녔다. 중학교 때부터 싱크로나이즈 수영을 한 그녀는 예술 쪽으로 타고난 재능이 있음이 분명하다. 그래서일까 아투로가 새로이 편집한 '아리랑'을 듣자 동작들에 대한 아이디어들이 생각났다. 새 '아리랑'에 맞게 춤동작을 다른 남자 KCT 회원과 머리를 싸매고 동작을 하나하나 만들었다. 유튜브에서 찾은 한국무용 동작을 공부하고 연습해보다가, 춤

선과 동작을 고르고 연결했다. 쿠바 문화도 중요하기에 아리랑에 맞춰 구아강코(Guaganco)도 삽입해 공연에 흥을 돋웠다. 구아강코(Guaganco)는 아프리카-쿠바 댄스로 쿠바의 토속 춤이다. 그렇게 기획된 쿠바-아리랑을 성황리에 공연했다. 나는 이 지점에서 한국 문화 세계화에 특이점이 왔다고 확신했다.

KCT 안의 의대생들

제일 처음에 12명이 모여서 KCT를 만들었다. 그중에 4명이 의대에 재학 중이거나 진학을 준비했다. 물론 준비 중이던 학생들은 KCT 활동을 하면서 모두 의대에 입학했다. 앞부분에 잠깐 나왔지만, 쿠바 부모님이 바라는 미래 자녀의 직업은 의사이다. 그도 그럴 것이 쿠바의 공공의료는 쿠바인들의 자존심이자 자부심이다. 쿠바에서 의사는 큰 부자가 되는 것과는 상관없는 직업이다. 최상위권의 학교 성적, 대학 입시 시험 점수, 그리고 해마다 달라지는 의대 입시 정원 숫자. 의대 입학은 이 삼박자가 잘 맞아야 한다. 국민들을 위해 의사가 더 필요하다는 결정이 내려지면 의과대학생 수를 늘리고, 그렇지 않으면 줄어든다. 2020년 카마구에이의 치대 경우 올해는 선발 인원이 200명으로 늘어났다. 전년도보다 10배 이상의 증원이 있다는 다리타의 전언이다.

KCT 설립자 1/3이 이러한 과정을 거친 의대생들이었다. 다리타는 주요 멤버로 활발한 활동을 이어왔으나, 후에 2명은 의대 공부에만 매진하기로 했고, 데니스가 최근 돌아왔다. 현재 레지던트 3년 차로 응급의학과이다.

데니스는 카마구에이 의대 5년 차에(의과대학 6년, 레지던트 3년) KCT의 12명의 설립자 중 하나였다. 한국을 워낙 좋아하는 걸 부모님이 이미 알고 계셨고, 학업에 방해만 되지 않는다면 마음대로 하라고 했다. 어머니는 한국어 공부를 도와주기도 했다. 어머니가 좋아하는 한국 드라마는 〈꽃보다 남자〉이다. 쓸데없는 거에 빠졌다고 걱정하는 쿠바 부모님들의 말을 하도 많이 들어서 놀라웠다.

역시 부모님은 자식에게 앞날을 볼 수 있게 도와주는 등불이요, 부모님의 지지는 무엇을 해도 잘 해낼 수 있는 역량을 주는 영혼의 비타민 같은 것이다.

그들은 한국이 60년 만에 선진국으로 성장한 대단한 나라라며, 흥미 있는 이야기가 가득한 데다, 수많은 전통이 있고 열심히 일하는 사람들이 많은 나라라고 생각한다. K-POP은 감성이 충만한 데다 각자의 이야기를 노래로 잘 풀어내는 점에서 월등하다. 심지어 자신도 한국 노래에 감정을 이입할 수 있다. 전통음악조차도 화음이 너무 절묘해서 좋다고 한다.

희생과 봉사의 상징이자 쿠바 국민들의 존경을 받는 의사가 될 의대생들이 KCT의 운영 스태프로 모여서 한국 문화를 사랑하고 전파를 하고 있으니, 한류에 특이점이 올 수밖에 없었다고 본다.

❹ 준민(카이토(Kaito))

Q1. 한국에 대해서 알고 있는 것을 써보자(음식, 패션, 장소들 포함).

　　역사를 조금 알고, 관습과 명절, 한국어 조금, 한국 음식 몇 가지를 안다.

Q2. 한국 문화와 음악에 대해서 어떻게 알게 되었는가?

　　한국 드라마를 2012년에 처음 보면서부터

Q3. 어떤 점 때문에 한국 문화와 음악에 빠져들게 되었는가?

　　특정지어서 하나를 고를 수가 없다. 2012년에 시청한 한국 드라마에 빠지기 시작해서 음악도 좋았고, 한국에 대해서 알면 알수록 무한정 좋았다.

Q4. (도대체) 어떤 특별한 점에 끌려서 한국 문화를 좋아하게 되었는가? 가장 좋은 점이 무엇인가?

전반적인 음악, K-POP으로 알려진 음악들뿐만 아니라 트로트도 좋다. 김치와 같은 음식도 좋다.

Q5. 한국 문화와 음악 관련해서 주로 무엇을 연습하는가?

생활 속에서 낯선 타인과 모르는 노인에게도 공손하게 대하는 것을 실천한다.

Q6. 한국인과 대화할 기회가 있다면 어떤 주제로 대화해보고 싶은가?

만나는 사람에 따라 다르겠지만, 기본적으로 음식 이야기로 시작하겠다. 그리고 한국 드라마에서 보이는 생활상과 실제 생활에 대해서 이야기해보고 싶다.

Q7. 만약에 한국 물건이 쿠바에 들어올 수 있다면 어떤 것을 원하는가?

일단 한국 음식. 간식부터 김치, 소주도 맛봤는데 좋았다. KCT 멤버들이 원하는 화장품 같은 것들.

Q8. 한국에 대해 더 알고 싶은 것이 있다면 무엇인가?

역사에 대해 더 알고 싶다. 또한 쿠바에 없는 한국 식재료들로 만든 진짜 한국 음식들을 직접 만들어 보면서 재료의 차이에서 오는 다름을 느껴보고 싶다(쿠바에는 한국 식재료가 거의 없다).

준민(카이토)

새로 만든 닉네임은 '준민'이다. K-POP 그룹 세븐틴(Seventeen)의 멤버 '준'과 '민규'에서 한 글자씩 따왔다고 한다. 먼저 접했던 일본 클럽에서부터 썼던 '카이토'를 사용 중단하기는 애매하다. 이미 모든 소셜 미디어(social media)에 이름이 카이토로 되어 있기 때문이다. 이 부분에 대해서 대화를 오래 나누면서 깨달은 바가 있다. 일본이 그간 얼마나 일본 문화 전파에 공들여왔는지를. 그래서 얼마나 전 세계 곳곳에 깊숙이 침투해 즐겨오고 있었는지를. 준민 역시 여전히 일본 애니메이션과 일본만화가 좋다고 한다. 어렸을 때부터 즐겨보던 친숙한 것을 굳이 버릴 이유가 없다. 새로운 것이 들어오면 새로운 것은 새로운 대로 받아들이는 것이다.

대학에서 컴퓨터 공학을 전공하고, 소프트웨어 엔지니어로 일하고 있다. 쿠바에는 없는 군대식 선후배를 굳이 한국식으로 따지자면 공대에서 컴퓨터를 전공한 '이세'의 선배이다. 2017년, 다리타와 함께 아리랑을 준비할 때, 한국 전통 무용 비디오를 분석하고, 동작 만들고 나서 카마구에이에 사는 한국인 3세 후손 '김'에게 조언을 구해 동작을 하나하나 만들었다고 했다. 준민은 건강상의 이유로 군대를 다녀오지 않았다.

쿠바의 군대에 대한 질의응답

1. 쿠바 남자들도 군대를 가는가?

그렇다. 쿠바의 남성이라면 고등학교를 졸업하고 바로 군대에 간다. 대학입학허가서가 있는 경우는 1년, 그렇지 않은 경우엔 2년을 다녀온다.

2. 군대 면제도 가능한가?

그렇다. 신체검사에서 판정이 난다. 준민의 경우, 한쪽 발의 인대가 짧아서 장시간 행군하고 서 있는 게 불가능한 것이 신체검사에서 판정이 나서 면제를 받았다.

3. 월급은 받나?

병과와 수당에 따라 달라지지만, 이병을 보면 한 달에 대략 100~180페소를 받기 시작하며 두 번째 해엔 월급 인상이 있다.

4. 주로 무슨 일을 하나?

풍토병 확산방지 캠페인(환경 청결하게 유지하기), 병원 청소 같은 대민 자원봉사 등의 많은 일을 한다. 군인이니까 나라를 지키는 일은 기본이다.

P.S. 사실 군대는 전 세계 모든 나라에 다 있다. 나는 미국, 영국, 호주, 캐나다 군인들을 실제로 본 적이 있다. 자주국방을 생각하는 나라라면 군대는 다 있다고 생각하면 된다. 모병제와 징병제라는 징집제도의 차이가 있을 뿐이다. 대한민국과 쿠바는 징병제. 미국, 영국, 호주는 모병제.

❺ 아나(Ana Laura Sanhez Portelles)

Q1. 한국에 대해서 알고 있는 것을 써보자(음식, 패션, 장소들 포함).

한국 문화가 흥미로워서 (항상) 사랑하고 있고, (평소에도) 음악, 춤, 전통, 장소들을 찾아보고 직접 해보며 즐기고 있다.

Q2. 한국 문화와 음악에 대해서 어떻게 알게 되었는가?

2011년, 한국 드라마 〈시티 헌터〉를 봤고, 그 이후로 드라마들을 섭렵했다. 드라마를 통해 한국에 대해서 더 많이 알게 되었다. 주로 USB에 쇼들을 가득 담아서 파는 사람한테 구입해 시청하고 있다. 가장 좋아하는 남자배우는 (현재는) 이민호이다.

Q3. 어떤 점 때문에 한국 문화와 음악에 빠져들게 되었는가?

한국 문화는 쿠바 문화와 완전히 다르다. 그래서 우리 쿠바 사회가 무엇을 잃어버리고 사는지, 무엇을 배워야 하는지를 항상 생각하고 실천하면서 빠져들었다.

Q4. (도대체) 어떤 특별한 점에 끌려서 한국 문화를 좋아하게 되었는가? 가장 좋은 점이 무엇인가?

음악, 음식, 그리고 어른을 공경하는 문화. 그중에서도 가장 좋을 때는 한국 문화에 대한 나의 이런 생각과 감정들을 다른 친구들과 공유하고 나눌 때이다. 〈런닝맨〉을 즐겨보고 있고, 이 쇼에선 김종국이 좋다.

Q5. 한국 문화와 음악 관련해서 주로 무엇을 연습하는가?

집중해서 공부할 때 한국 음악을 듣기도 하고, 쉴 때도 한국 음악을 듣는다. 음악에 맞춰 춤추는 것을 즐긴다.

Q6. 한국인과 대화할 기회가 있다면 어떤 주제로 대화해보고 싶은가?

K-POP, K-DRAMA, 한국의 전통과 음식에 대해서 한국어로 대화하고 싶다. 그리고 내 한국어 발음 교정을 도움받고 싶다.

Q7. 만약에 한국 물건이 쿠바에 들어올 수 있다면 어떤 것을 원하는가?

화장품, K-POP 굿즈. 그중에서도 빅뱅 굿즈.

Q8. 한국에 대해 더 알고 싶은 것이 있다면 무엇인가?

한국에 대해 알고 느낄수록, 좋아하는 마음을 멈출 수가 없다. 인터넷에서 찾아보고 쇼를 지속적으로 시청하면서 알아가고 있는 중이다. 그렇기 때문에 더 알고 싶은 걸 정확하게 대답하기 애매하다.

아나(올긴걸)

'올긴걸'은 '아나'의 별명이다. 올긴(Holguin)이라는 도시에서 어머니를 따라 카마구에이로 이사 왔기 때문이다. 아버지 만나러 올긴에 갔다가, 아버지가 시청하던 한국 드라마 〈시티헌터〉를 옆에서 같이 보기 시작해 한국 드라마에 빠진 것이 2010년, 10년 전이다. 그 이후로 혼자 한국 드라마를 섭렵하다가 KCT에 들어와 한국 문화를 전반적으로 알게 되고, 같은 취미를 가진 친구들과 K-POP 댄스를 추며 우정을 나누게 되었다. 공부할 때, 심심할 때, 마음이 울적할 때도 K-POP을 듣고 친구들과 함께 K-POP 댄스를 추면서 우정을 쌓아간다는 그녀. 한국 드라마를 보며 좌충우돌의 청소년기를 지나오고, 한국 사회를 배웠다. K-POP 댄스를 함께하며 친구들과 더욱더 친해졌다. KCT 안에서 기록하고, 회원들 사이에서 생겨나는 데이터를 모으는 '서기' 역할을 하고 있다. 아나의 가장 친한 친구들은 KCT에서 만난 리즈, 다리타, 다리타 동생 다리안이다. 이 정도면 한국 문화가 청소년에 미치는 선한 영향력으로 다음 책을 써야 할 판이다. 아나, 리즈, 준민(카이토), 다리안은 모두 같은 고등학교를 나왔다. 한국으로 치면 과학기술고등학교 같은 곳이다. 굳이 한국어로 이름을 짓자면 과학직업 예비대학연구학교(Instituto Preuniversitario Vocacional de Ciencias Exactas)이다. 이 학교는 일정 성적을 유지해야 하고, 85점 밑으로 나오면 퇴교를 당한다. 학생이 한 분야에서 특출난 재능이 보이면, 지도해 줄 특별 선생님이 따로 학습지도를 한다고 한다.

아나는 하바나에서 만난 멤버 중에서 키가 제일 컸는데, 가장 어린아이 같은 순수함을 지녔다. 물어보면 무슨 이야기라도 다 하고, 옆에서 열성적으로 도와주는 모습이 예뻤다. 내가 그녀의 고향인 올긴에 가본 적이 있다고 한 후부터였던 것 같다. 청소년기에 부모님 때문에 갑자기 이사를 해본 경험이 있는가? 그때는 그것만큼 큰일이 없을 정도의 대격변이다. 아는 사람 하나도 없고, 그 동네에는 이미 어렸을 때부터 자라온 친구들 무리가 형성되어 있어서 그 무리에 자연스럽게 스며들기는 쉬운 일이 아니다. 가장 예민한 시기인 청소년기에는 친구가 세상의 전부인 경우도 있다. K-DRAMA와 K-POP은 친구가 아무도 없는 새로운 도시로 이사 온 아나와 같은 취미를 가진 친구 리즈에게 일상을 지속시켜줬다. 그리고 KCT에 임원으로 봉사하면서 한국 문화를 본격적으로 배우고, 더욱 푹 빠지게 된 아나. KCT라는 새로운 문화를 접하면서 한국인처럼 생각하고 행동에 이르기까지의 전 과정은 문화 교류로 인한 새로운 아나의 탄생이라고 본다.

올긴(Holguin), 하바나에서 동쪽으로 750km

지도에서 하늘색 지역이 올긴이다.

아나가 리즈와 함께 고향을 방문해 458계단을 올랐다. 정상에서 기념사진 한 장.

로마 데 라 크루즈(Roma de la Cruz) 458개 계단을 다 올라가면 시내 전체가 다 보인다.

◀ 458계단은 올긴의 랜드마크이다. 다리가 떨리고 주저앉고 싶어도 끝까지 올라가보자.

올긴은 쿠바에서 인구수와 사이즈로 치면 세 번째로 큰 도시다. 이 도시가 세계적으로 유명해진 계기가 있다. 체 게바라의 고향 아르헨티나, 바로 그 나라의 유명한 축구선수 마라도나가 2000년에 쿠바 올긴에서 마약 치료를 받으면서 세계적으로 알려졌다. 마라도나는 약물치료센터(the Quinque-Cocal drug treatment center)에서 치료를 받았다.

공공연하게 피델 카스트로를 지지해오던 마라도나가 쿠바, 그것도 올긴에서 약물중독

치료를 받으면서 쿠바의 의료와 올긴이 널리 알려진 계기가 된 건 아무도 부정하지 못한다.

2020년 11월 26일, 마라도나가 심장마비로 유명을 달리했다. 지난 4일 받은 뇌 수술 후 경과가 좋지 않았던 것으로 전해진다. 1986년 월드컵에서 그의 조국 아르헨티나를 우승으로 이끌며 전 세계 축구계를 들썩이게 했으나, 이제는 하늘의 별이 되었다.

---

❻ 리즈(Liz Aime Fernandez)

Q1. 한국에 대해서 알고 있는 것을 써보자(음식, 패션, 장소들 포함).

음식은 떡볶이, 김치, 불고기, 짜장면 등등. 장소는 경복궁, 한강, 남산타워, 강남 등등. 옷은 한복.

Q2. 한국 문화와 음악에 대해서 어떻게 알게 되었는가?

주로 드라마를 통해서 한국 문화를 습득했다. 우연히 인터넷에서 소녀시대와 빅뱅의 K-POP을 보면서 시작되었다.

Q3. 어떤 점 때문에 한국 문화와 음악에 빠져들게 되었는가?

의상 스타일, 라이프 스타일, 음악이 달라서 끌리기 시작했고, 다들 예쁘고 잘생겨서 좋았다. 무엇보다도 어른을 공경하는 모습이 좋았다. (쿠바에는 없는 계절인) 겨울을 만끽해 보고 싶어 겨울이 등장하는 부분을 열심히 본다.

Q4. (도대체) 어떤 특별한 점에 끌려서 한국 문화를 좋아하게 되었는가? 가장 좋은 점이 무엇인가?

전통적인 (한국만의 특색 있는) 음식이 가장 좋다. (쿠바에는 없는) 매운 음식이 좋다. (〈아는 형님〉 같은) 버라이어티쇼가 좋다. 강호동과 서장훈이 너무 웃기다. 한국 역사도 좋다. 경복궁 같은 데도 좋고, 한복 같은 전통도 좋다. (역사극들은 조선 시대가 주류지만) 고려 시대가 더 좋다. 물론 K-POP도 좋고, 그중에서도 EXO가 최고다.

Q5. 한국 문화와 음악 관련해서 주로 무엇을 연습하는가?

한국 음악은 날 위로해 주고 웃게 만든다. 그래서 음악을 매일 듣고 춤 연습을 한다. 어른을 공경하는 것도 생활 속에서 실천하고 있다.

Q6. 한국인과 대화할 기회가 있다면 어떤 주제로 대화해 보고 싶은가?

아주 많은 주제들로 토론해 보고 싶다. 역사 중 고려 시대에 관해서도, 불고기는 어떻게 만드는지, 한국의 대학생활은 어떤지 등등. 그리고 쿠바에 대해서 아는 것은 무엇인지, 쿠바에 대해서 어떻게 생각하는지 많은 것을 대화해 보고 싶다.

Q7. 만약에 한국 물건이 쿠바에 들어올 수 있다면 어떤 것을 원하는가?

화장품과 K-BEAUTY 관련 상품들, 단순하지만 예쁜 여자용 귀걸이 목걸이 같은 장신구와 소품들. 우리 KCT 회원들이 너무 갖고 싶어 하는 K-POP 굿즈.

Q8. 한국에 대해 더 알고 싶은 것이 있다면 무엇인가?

한국어, 한국의 생활 방식, 역사, 음식, 한국의 겨울 바닷가.

리즈

불타는 태양 속에서 평생을 살아와서인지, 쿠바에는 절대로 있을 수 없는 겨울을 느껴보고 싶어 한다. 두꺼운 코트 입고 목도리로 칭칭 싸매고 겨울 바다 한번 걸어봤으면 소원이 없겠다고 하는데 내가 해줄 것이 없어 안타까웠다. 가장 먹어보고 싶은 음식은 불고기. 그런데 쿠바의 마트에는 간장이 없다. 어떻게 만드는지 알려줘도 간장을 구할 수 없어서 만들 수가 없다. 역시 안타까웠다. 한국 역사 중에서도 하필 나의 역사 지식이 가장 짧은 고려 시대를 제일 좋아한다고 해서 얘기를 많이 전달해 줄 수가 없었다. 이 자리를 빌려 미리 연습해 본다. 앞으로는 어느 외국인이 무엇을 물어봐도 이 정도는 간략하게 설명할 수 있으면 좋겠다고 다짐한다. 고려는 현재 코리아(Corea에서 Korea)가 된 국호이다. 당시 고구려의 뜻을 이어간다 해서 고려라 칭했다 한다. 건국 초기에 여러 지역 호족들을 통합하기 위해 혼인정책을 써서 왕자가 많았다. 그래서 나왔던 드라마가 〈달의 연인 - 보보경심 려〉인데, 나는 바빠서 그 드라마를 보지 못했으나, 고려 시대 복식을 보고 싶으면 그 드라마 보기를 권장한다. 나라가 지속되는 400년 동안 무신집권기 100년 정도를 지나며 국운이 기울었다. 그러면서 생겨난 사회의 병폐들이 만연해지면서 새로운 나라가 건국되었는데, 그것이 조선이다. 한국 문화를 사랑하는 세계인들이 한국의 어디까지 좋아하고 무엇을 집중적으로 탐구하는지는 항상 나의 상상을 초월한다.

리즈는 시야가 넓은데, 사물을 정확하게 꿰뚫어 볼 줄 안다. 현상에 대해 설명할 때 어떻게 설명하면 정확하지만 간략하게 할 수 있는지를 알아서 나를 많이 도와주었다.

KCT의 스태프답게 회원들 챙기는 마음씨도 고왔다. 청소년 회원들이 많은데, 그녀가 한국식 마인드로 회원들을 챙기는 모습이 나에게는 보였다. 생활 속에서 한국 방식을 실천한다더니 발전된 모습이 드러난 것이다. 나는 자신도 모르는 사이에 한국화가 되어 문화교차 현상을 보이는 리즈를 보면서 동시에 한국식 마음가짐을 가진 그녀를 통해 한국 문화의 특이점도 발견했다.

❼ 엘리자베스(Elizbeth Rodriguez)

Q1. 한국에 대해서 알고 있는 것을 써보자(음식, 패션, 장소들 포함).

K-POP, K-DRAMA, 전통 등에 대해서 알고는 있지만, 더 알고 싶다.

Q2. 한국 문화와 음악에 대해서 어떻게 알게 되었는가?

2013년경에 친구가 USB에 한국 드라마와 음악을 복사해 주면서 알게 되었다.

Q3. 어떤 점 때문에 한국 문화와 음악에 빠져들게 되었는가?

전체적인 스타일. 스타일에 있어서 똑같은 것을 반복하지 않고 매주 뭔가가 바뀐다.

Q4. (도대체) 어떤 특별한 점에 끌려서 한국 문화를 좋아하게 되었는가? 가장 좋은 점이 무엇인가?

빠르게 회전하는 연예산업과 공연. 지루할 틈이 없다. 열성적으로 일하는 직업윤리가 좋다.

Q5. 한국 문화와 음악 관련해서 주로 무엇을 연습하는가?

매일 연습하는 건 없지만, 노래와 작곡은 연습하고 싶다. 또한 패션도 연구해 보고 싶다.

Q6. 한국인과 대화할 기회가 있다면 어떤 주제로 대화해 보고 싶은가?

한국의 역사, 교육, 전통에 관해서 대화해 보고 싶다.

Q7. 만약에 한국 물건이 쿠바에 들어올 수 있다면 어떤 것을 원하는가?

K-POP 굿즈(특히 Stray Kids(스트레이 키즈)), 간식, 화장품.

Q8. 한국에 대해 더 알고 싶은 것이 있다면 무엇인가?

한국의 역사, 전통, 문화, 한국어, 음식, 다른 장르의 한국 음악.

　한국의 역사에 대해서 알고 있는 정도가 나의 상상을 뛰어넘었다. 한국의 5000년 역사에 대해 알고 있었으며, 한국의 역사에 빠져들어 스페인어로 찾아볼 수 있는 모든 자료는 다 섭렵했다. 스페인어로 나와 있는 모든 웹사이트는 이미 다 훑어봐서 더는 찾아볼 것이 없을 정도라고 한다. 그런 그녀가 가장 좋아하는 한국의 역사는 고구려와 고려 시대. 고구려의 정신을 이어받아 개국한 나라라서 국가명이 고려라는 것도 알고 있었다. 특히 고려 시대의 아름다움과 화려함에 반했다고 한다. 고구려 시대가 잘 표현된 것이 없어서 안타깝다며 고구려와 고려에 관한 드라마나 쇼들이 더 많이 제작되면 좋겠다고 했다. 현재 대한민국의 대학생들이 이 정도로 한국 역사에 관심을 가질까? 하는 의구심이 들면서, 한국인으로서 내가 한국 역사에 이 정도의 열정이 있었던 가에 대한 반성도 하게 된다.

　역사 사료나 자료들이 조선 시대에 비해 적고, 그래서 역사적 고증이 어려운 점은 이해한다. 하지만, 쿠바에서 한국의 역사를 스스로 찾아 공부하고 더 알고 싶어 하는 이들이 있다. 찾아보면 분명히 전 세계 곳곳에 이런 사람 더 있을 것이다. 고구려와 고려 시대 역사 콘텐츠를 개발하자. 고구려 시대는 우리나라 5000년 역사상 진취적으로 북방으로 땅을 넓혀가던 서슬 퍼런 기상을 떨치던 나라가 아니었던가. 미국의 무역통제로 나라 밖으로 자유롭게 나가지 못하는 이들에게 가슴 뻥 뚫리는 진취적인 고구려의 기상을 전달하고, 400여 년의 고려 시대도 재현하면 좋겠다.

❽ 사쿠야(Oreimis Lopez Diaz)

Q1. 한국에 대해서 알고 있는 것을 써보자(음식, 패션, 장소들 포함).

K-POP과 K-DRAMA

Q2. 한국 문화와 음악에 대해서 어떻게 알게 되었는가?

친구 '제니'의 소개

Q3. 어떤 점 때문에 한국 문화와 음악에 빠져들게 되었는가?

예쁜 소년들의 강렬한 춤사위와 스타일

Q4. (도대체) 어떤 특별한 점에 끌려서 한국 문화를 좋아하게 되었는가? 가장 좋은 점이
무엇인가?

비주얼, 패션, 음악, 춤, 매운 음식

Q5. 한국 문화와 음악 관련해서 주로 무엇을 연습하는가?

춤

Q6. 한국인과 대화할 기회가 있다면 어떤 주제로 대화해 보고 싶은가?

음식과 전통

Q7. 만약에 한국 물건이 쿠바에 들어올 수 있다면 어떤 것을 원하는가?

K-POP 앨범(몬스타엑스(MONSTA X), 방탄소년단(BTS), 에이티즈(ATEEZ),
Stray Kids(스트레이 키즈), TWICE(트와이스), 세븐틴(Seventeen), 마마무(MAMAMOO),
아스트로(ASTRO), A.C.E(에이스), 투모로우바이투게더(TOMORROW X TOGETHER)),
트렌치코트, 옷, 신발

Q8. 한국에 대해 더 알고 싶은 것이 있다면 무엇인가?

한국 음식, 한국 음식 요리법, 전통, 미신

한국과 일본의 전통과 미신(Tradiciones y supersticiones de Corea y Japón). '사쿠야'라는 닉네임으로 불리길 원하는 그녀가 설문지 뒷면에 남긴 글이다. 닉네임에서 볼 수 있듯이 오레이미스는 일본 문화를 좋아해 일본 컬처 클럽에서 활동했었다. 그러나 K-POP에 푹 빠진 친한 친구 '제니'가 K-POP을 알려줬고, 친구를 따라서 KCT에 들어왔다. 여전히 일본 문화가 좋지만, 한국 문화도 좋아졌다. 카마구에이 대부분의 친구가 한국 문화를 향유하고 있기도 하고, 대부분의 친구가 KCT에 있어서 친교의 장소로는 KCT가 최고이다.

내가 준비해 갔던 매운 음식을 가장 잘 먹었다. 그녀에게 '불닭볶음면' 정도는 가벼운 매운맛이다. 눈앞에 매운 음식이 있기만 하다면 더 매운 걸 먹을 수도 있다. 매운 음식의 색은 빨간색, 그녀가 가장 좋아하는 색이다. 머리색도 빨간색이었고, 한복도 저고리와 치마 둘 다 빨간색으로 집어들 정도로 빨간색을 좋아한다. 한국에 여고생들 사이에 떠도는 수많은 학교 귀신 이야기들과 터부시되는 자잘한 미신들을 들으면 열광할 청소년들이 쿠바에도 존재한다는 것을 그녀를 통해서 알게 되었다. 수련회를 가면 밤에 불 끄고, 이불 뒤집어쓰고, 손전등 하나 켜놓고 재잘거리던 수많은 귀신 이야기들에 날밤 가는 줄 모르던 기억들 다 있지 않을까? 한국형 좀비와 더불어 쿠바의 미신과 전설들을 콘텐츠로 발굴해도 좋을 듯하다. 미신과 전설과 있을법한 역사를 절묘하게 버무려서 나온 한국 드라마 〈도깨비〉의 대성공을 생각해 보면 불가능한 콘텐츠도 아니다. 일본의 도깨비 '오니'는 한국의 도깨비와 사뭇 다르다. 일본의 '오니'는 요괴로 악귀이다. 어린아이들을 유괴해 가기도 한다. 그래서인지 일본에서는 신년에 '오니'가 등장해 어린아이에게 부모님 말씀 잘 들으라고 윽박지르는 장면이 연출되기도 한다. 한편 한국의 도깨비는 조선시대 성군 세종대왕 시대 나온 '석보상절'에 어리석으나 우스운 존재로 나왔다. 한국의 도깨비를 가장 잘 설명할 수 있는 동화가 '혹부리 영감'이라고 생각한다. 해학이 넘치는 장난꾸러기가 우리나라의 도깨비이다. 물론 역병을 일으키거나 불이 나는 이유를 도깨비에 돌려 도깨비를 물리치는 굿을 하기도 했다. 역병과 화재를 일으키는 도깨비가 무서울 수도 있건만, 전래동화 속에서는 어리숙하고 장난기가 넘친다. 어떠한 역경도 두려워하지 말라는 조상님들의 지혜였을까?

우리나라는 역사, 설화, 신화, 도깨비까지 차고도 넘치는 콘텐츠를 가지고 있는 나라이다. 일본 문화를 먼저 접해서 일본이 좋을 뿐 한국 문화도 좋다고 다가오고 있다. 한국콘텐츠로 전 세계인의 취향을 다 사로잡고 싶지 않은가?

콘텐츠의 폭을 확장하고 다양함을 무기로 삼으면 좋겠다. 한국은 역사 좀비로 이미 포석을 단단히 다져놨다. 미신과 설화도 좀비만큼의 가능성을 가지고 있다고 본다.

❾ 제니(Jennifer de la cruz Saavedra)와 이세(Ubaldo Tagle Perez)

제니(Jennifer de la cruz Saavedra)

Q1. 한국에 대해서 알고 있는 것을 써보자(음식, 패션, 장소들 포함).

한국에 대해서 많은 공부를 해왔는데, 그중에서도 엔터산업이 어떻게 이뤄지고 움직이고 있는지에 대해 주목했다. 그 외에는 김밥, 떡볶이, 라면 같은 음식들과 한국의 전통들에 대해서도 조금 알고 있다.

Q2. 한국 문화와 음악에 대해서 어떻게 알게 되었는가?

한국 드라마를 좋아하는 친구가 한국 드라마가 가득 든 USB를 건네준 게 2012년이었다. 바로 그 친구가 K-POP을 전달해 주었다. 그녀의 친척 중 한 명이 다른 사람에 비해 인터넷 접속이 용이한 사람이어서 USB에 한국 음악과 드라마를 다운로드해서 전한 것이 모든 것의 시작이었다.

Q3. 어떤 점 때문에 한국 문화와 음악에 빠져들게 되었는가?

한국 K-POP만의 완전체로서의 독특한 점이 있다. 음악, 의상, 노랫말, 춤, 공연까지 완벽한 완전체이다. 문화도 다른 점에서 오는 차이점이 매력적이다.

Q4. (도대체) 어떤 특별한 점에 끌려서 한국 문화를 좋아하게 되었는가? 가장 좋은 점이 무엇인가?

K-POP을 매우 좋아한다. 한국 음악과 한국 드라마를 통해서 한국 문화를 배우게 된다. 최근엔 BTS가 너무 좋다. 〈No more dream〉은 팬들 본인의 상황과 동화되는 곡이다. BTS의 곡들은 한국 문화를 대표한다는 생각이 들고, 노랫말은 한국 문화의 단면을 보여준다고 생각한다. 이 노래의 긍정적 메시지가 전 세계에 퍼져나가면서 그 노래를 듣는 사람들이 연결되고 있다.

최근에 본 한국 드라마 〈이태원 클라스〉도 매우 재미있었다. 남자주인공의 끈기와 패기가 쿠바인들의 근성과 비슷해서 더욱 흥미로웠다.

Q5. 한국 문화와 음악 관련해서 주로 무엇을 연습하는가?

한국 노래와 춤을 연습한다. 한국어도 집중해서 공부하고 있다.

Q6. 한국인과 대화할 기회가 있다면 어떤 주제로 대화해 보고 싶은가?

한국의 교육에 대해서 얘기해 보고 싶다. 한국인들이 정말로 좋아하는 것에 대해서 알아보고 싶다.

Q7. 만약에 한국 물건이 쿠바에 들어올 수 있다면 어떤 것을 원하는가?

K-POP 앨범들, 여기서는 구하기 정말 힘들다. 한국 간식도 먹어보고 싶다. BTS, 에이티즈(ATEEZ), TWICE(트와이스), 이달의 소녀(LOONA), NCT(엔시티) 등의 K-POP 굿즈도 갖고 싶다.

Q8. 한국에 대해 더 알고 싶은 것이 있다면 무엇인가?

한국 음식과 사투리 같은 지방색 있는 언어를 알고 싶다.

이세(Ubaldo Tagle Perez)

Q1. 한국에 대해서 알고 있는 것을 써보자(음식, 패션, 장소들 포함).

K-POP, 라면, 김치. 많이 알지 못해 미안하다.

Q2. 한국 문화와 음악에 대해서 어떻게 알게 되었는가?

내 여자 친구(제니)가 좋아해서.

Q3. 어떤 점 때문에 한국 문화와 음악에 빠져들게 되었는가?

TWICE(트와이스) 같은 걸 그룹이 좋다. 그리고 모든 그룹의 비주얼과 춤이 좋다.

Q4. (도대체) 어떤 특별한 점에 끌려서 한국 문화를 좋아하게 되었는가? 가장 좋은 점이 무엇인가?

서양의 팝과는 다른 비주얼을 가진 K-POP은 특히나 퍼포먼스가 다르면서 특별하다. 한마디로 K-POP의 콘셉트는 완전체이다.

Q5. 한국 문화와 음악 관련해서 주로 무엇을 연습하는가?

춤과 한국어

Q6. 한국인과 대화할 기회가 있다면 어떤 주제로 대화해 보고 싶은가?

한국 문화의 쿠바 문화

Q7. 만약에 한국 물건이 쿠바에 들어올 수 있다면 어떤 것을 원하는가?

K-POP 앨범. 쿠바에선 정말 구하기 힘들다. 그리고 여러 가지 열쇠고리, 목걸이 같은 작은 물건들, 한국 음식과 간식들. 매운 음식 말고.

Q8. 한국에 대해 더 알고 싶은 것이 있다면 무엇인가?

음식, 전통, 문화, 춤

전통혼례복을 챙겨간 나는 이왕이면 커플이 입으면 좋다고 생각했다. 그래서 KCT 임원진을 만날 때 입혀볼 생각으로 혼례복을 챙겨갔다. 처음에 커플이 입자고 했더니 모두가 지목했던 제니와 이세. 이 둘을 알면 알수록 흥미진진했다. 제니가 2012년부터 한국 드라마에 빠지기 시작한 이후, 이세는 내도록 불만이었다. 여자 친구와 나눌 수 있는 대화가 줄어들고, 대화의 내용이 달라지고, 여자 친구가 말하는 것을 도통 알아들을 수가 없었으니 말이다. 싸우면 싸울수록 여자 친구와 멀어지는 듯했다. 그래서 같이 즐기기로 했다. 여자 친구를 한국 아이돌에게 뺏기는 것보다는 함께하는 편을 택했다. 이세는 컴퓨터 공학을 전공하는 이공계이지만 섬세하다.

나에게 쿠바에도 한국의 공기놀이, 팽이놀이와 비슷한 것이 있다고 알려준 사람이 이세다. 공기는 야퀴스(Yaquis)이고, 팽이는 트롬보(Trompo)라고 쿠바에도 존재한다고 알려줬다. 야퀴스는 멕시코를 비롯한 남미지역에서 어린이들 놀이라고. 나중에 찾아보니 미국에서는 잭스(Jax)라는 이름으로 판매가 되고 있었고, 중국에서도 비슷한 놀이가 있다는 걸 알았다. 공깃돌은 아니지만 여러 가지 재료로 여러 가지 모양을 한 사물들이 공기놀이와 같은 방식으로 공중에 던져지고 순서대로 집었다. 역시 세계 어디서나 사는 모습은 비슷하다는 보편성을 여기서도 발견했다.

제니와 이세를 보면서 많은 점이 사사된다. 제니로 인해 형성되는 새로운 또래 집단(peer group)의 등장, 제니가 자석이 되고 거기에 몰려드는

쇠붙이들, 그리고 큰 그룹이 되어 새로운 문화를 받아들이고 흥미롭게 키워나가는 모습. 그 와중에 그들 스스로 한국과 쿠바에 대한 비교·분석이 지속적으로 이루어지면서 좋은 쪽으로 방향을 설정하고 나간다. 이 청소년들을 통해 쿠바에서 한국 문화의 발전이 진전되고 있다. 이 시점에서 한국이 다음 단계로 무엇을 준비하고 실행해 나가야 할지를 생각하게 된다.

▄▄▄ KCT 일반 회원들의 한국 문화에 관한 설문

　　KCT 임원들의 대답들을 본 후 떠오르는 여러 가지 의문들이 머릿속에서 떠나질 않았다. 시간이 지날수록 의문들은 오히려 더 커져만 갔다. 10명에서 그간 클럽에서 한 일들이라고 나에게 전한 모든 일들. 회원들은 한국을 배우고 토론해 온 회원들의 생각은 어떤지 궁금해서 견딜 수가 없었다. 처음엔 K-POP에 대한 설문을 만들었다. 여기서 마지막 10번 질문에서 나온 KCT에 관한 응답 때문에 두 번째 설문을 또 했다. 두 번째는 K-DRAMA에 대한 질문과 KCT에 관한 질문을 집중적으로 했다.

　　첫 번째 설문은 68명이 응답했고, 두 번째 설문은 50명이 응답했다. 코로나바이러스로 인한 어려운 경제 상황과 인터넷 사용에 비싼 비용과 노력이 들어가는 나라인 점을 감안하면 설문은 성공적이었다고 자부한다. 이렇게까지 진심을 담아서 성의 있게 열심히 응답한 설문은 내 인생에서 처음 본다고 해도 과언이 아니었다. 어떻게 정리해야 하는지 고민이 많았다. 요점만 정리하기엔 아까운 응답들이 많아서 그대로 해석해서 전한다. 설문지 응답을 확인하기 전에, 매끄럽게 한국말로 해석을 하지 않은 점에 대해 미리 양해를 구하고 싶다. 모든 응답은 영어나 스페인어였다. 매끄러운 한국말로 전달하는 것보다 그들의 말 그대로를 번역하여 옮기는 것이 읽을 때 오히려 현실감이 든다고 판단했다.

(1) K-POP에 관한 설문

Q1. K-POP을 처음 접한 때가 언제인가? 몇 살이었나?

개인차에 따라 다양하게 2010년부터 시작해 가장 많게는 2014년 2015년 정도부터 쿠바 정부에서 민간인들에게 인터넷 사용을 할 수 있도록 서서히 규제를 풀어나가던 그 즈음부터 K-POP이 청소년들에게 빠른 속도로 전달되기 시작했다. 형제, 자매가 있는 경우엔 8세부터 듣기 시작한 경우가 있으나, 대부분이 학교나 친구들이 전해줘서 듣기 시작한 나이가 11세에서 13세 사이였고 2015년 이후부터가 많다. 개인 인터넷 사용을 시작하면서 혼자 발견한 경우엔 2014년 이후 당시 나이 19세나 20세도 있다.

주변 형제, 자매, 친구, 음악을 즐기는 도구에 따른 음악의 전달 경로, 인터넷을 언제부터 사용했는지의 차이가 개개인에 따라 너무 달라서 몇 년도인지를 알아보는 것이 무의미해 보이지만, 여기서 주목할 건 2010년 이전에는 K-POP을 접한 사람이 없었다는 점이다.

쿠바의 외교 관계를 CSIS.org의 2018년도 리포트에서 살펴보면, 2010년에서 2018년 사이 (쿠바 정부가 아시아 파트너십을 확장하면서) 중국이 파트너가 되었다. CIA 리포트에서는 전체 무역의 30% 정도가 중국과의 교역으로 30% 이상의 중국 물품이 쿠바로 수입된다고 한다. 카리브 지역에서 중국 사업 확장은 특히 미디어, 광산, 신에너지 분야 같은 중요 분야에 집중했다고 한다.

KCT 회원들도 역시나 2010년 하바나에서 처음 〈꽃보다 남자〉 한국 드라마가 방영되기 시작하면서, 거리에서 한국 드라마와 음악들이 CD에 구워져서 널리 판매가 되기 시작한 걸 목격했다고 한다. 90년대까진 일본 드라마가 쿠바 국영 방송에서 방영되어, 강아지 이름을 일본 드라마 캐릭터로 부르는 일이 흔했으며, 청소년들은 일본 애니메이션과 망가(일본풍의 만화)를 즐겨봤다고 한다. 2010년 이후 한국 드라마를 쿠바 국영 방송으로 시청하면서도, 한국 것인지 모르고 중국드라마라고 여기며 시청했다는 이야기가 전해졌다.

Q2. K-POP 어떤 방법으로 접했나?

설문에 응답한 85% 이상의 절대적인 대다수의 대답이 친구였다. 친구가 알려줘서 K-POP을 듣기 시작했다고 하니 문화 전파에 있어 친구의 영향력은 절대적이라 할 수 있다. 내가 좋은 게 있으면 친구에게 전하고 같이 들으면 더 재미있고 좋은 또래문화그룹. K-POP을 통한 또래 집단(peer group)은 이렇게 생성되었다. 또래 집단(peer group)의 사전적 의미를 옥스포드 사전에서 찾아보면 '나이나 사회적 지위가 유사한 사람들의 사회적 그룹'이다. 나중에 이 현상을 분석하는 장에서 KCT 안에서 서로에게 어떤 영향을 주며 그룹이 발전했는지를 보여줄 예정이다.

그 외 흥미로운 대답이 있었다. 쿠바 국영 방송에서 방영되는 드라마를 보다가 K-POP 그룹을 알게 되었는데, 그 드라마가 바로 〈미남이시네요〉였다. 이 드라마에 출연하는 주인공들이 K-POP 스타였고, 그로 인해 K-POP의 존재를 알았다는 것이다. 세 명이나 이와 같은 대답을 했다.

대부분이 뮤직비디오 때문이라고 대답했다. 그다음 절반 정도가 댄스가 좋다고 했다. 뮤직비디오는 음악과 가사 독창성까지 다 포함해서 총체적 K-POP의 결과물이라고 본다. 이런 의미에서 완성도 있고 멋진 K-POP 뮤직비디오는 가히 전 세계 최고라 꼽을 수 있다고 평가한다.

그 외 의미 있는 대답들이 있어 그대로 해석해서 전달해 본다.

"처음 BTS를 봤을 때, 정교하고 멋지게 마련된 무대에서 의미심장한 가사를 전달했다. 'Fire' 뮤직비디오는 가사, 예술적 무대, 무대 퍼포먼스의 총체적 합이었다. 가수들은 어떻게 표현하고 노래하고 춤추면 되는지를 매우 잘 알고 있었고, 카메라는 그것을 잘 받아냈다. 처음 본 K-POP비디오를 본 후 K-POP에 푹 빠지는 것 말곤 다른 방법이 없었다."

"노래 가사가 문제에 직면한 나를 구원한 적이 있다"

"뮤직비디오 스타일, 그룹의 독창성, 무대구성이 아시안 그룹 같지 않았다. 나는 이미 J-POP을 오랫동안 봐왔기 때문에 잘 안다. 빅뱅(BIGBANG)의 뮤직비디오를 보고는 내 머릿속에 있던 아시안(J-POP) 스타일은 완전히 깨져서 사라져버렸었다. 빅뱅은 미국스타일에 가까웠었다."

Q4. 어떤 K-POP 가수나 그룹을 첫 번째로 좋아했었는가? 아직도 좋아하는가?

Q5. 현재 좋아하는 K-POP 가수나 그룹은?

Q6. 현재 좋아하는 K-POP가수나 그룹은 언제부터 좋아했는가?

위의 4, 5, 6번 질문은 사실 똑같은 질문의 반복으로, K-POP 가수 누구를 왜 좋아하는지를 언제라는 시점으로 세분화 시켰을 뿐이다. 처음부터 가졌던 질문인 "도대체 왜?"라는 질문이 뇌리에서 떠나질 않았고, 알고 싶었다. 일반적으로 "누구를 좋아하는가? 언제부터 좋아했는가? 왜 좋아하는가?"를 질문하면 대부분 단답식으로 대답이 나온다. 가장 궁금한 부분이었던 "왜?"라는 갈증의 해소를 위해 끈질기게 질문을 조금씩 바꿔가며 같은 질문을 총 세 번 했다. 4, 5, 6번의 경우 질문이 가수나 아이돌그룹을 왜 좋아하는지 시간차를 두고 물어봤기 때문에, 다시 말해, K-POP 가수나 아이돌 그룹에 어떤 점에 반해서 좋아하는 것을 시작하게 되었는지에 대한 대답이다. 그래서 다음 설문 7번, 현재 좋아하는 K-POP 가수가 왜 좋은지에 대한 대답과는 설정이 다르다.

설문에 응답한 대부분(60% 이상)의 청소년들이 한국 음악을 듣기 시작하고 좋아한 시작이 2015년 이후이기 때문에 사실 언제라는 시점을 나눈 것도 사실 무의미하다. "왜?"라는 의문을 해소하기 위한 방법이었다. 대부분이 데뷔 때부터 좋아하기 시작해서 지금까지 이어지고 있다. 쿠바에선 가수 개인들에게 일어난 여러 가지 스캔들이 해당 가수를 좋아하는데 그다지 영향을 미치진 않았다.

좋아하는 가수는 압도적으로 방탄소년단이 최고였다. 좋아하는 가

수 모두, 여러 명을 대답할 때도 방탄소년단은 언제나 함께했다.

다음으로 인기 있는 가수는 빅뱅, EXO, 소녀시대, 블랙핑크의 순이었다. 개인 성향에 따라서 좋아하는 가수들이 한 명씩은 다 있어서, 30명 정도의 아티스트와 가수들이 1~2번씩은 언급되었다. 거의 음악 프로그램 순위에서 보이는 이름들이 다 나왔다.

응답자의 대부분(80% 이상)이 처음 보자마자 좋아하기 시작했다고 대답했는데, 그중 뮤직비디오를 보자마자 좋아하기 시작한 경우가 제일 많았다. 첫눈에 반했는데, 그것이 아티스트의 사진 한 장과 노래가 아니라 뮤직비디오를 보자마자 사랑에 빠지고 좋아하기 시작했다는 점을 주목해야 한다. 앞선 3번 응답에서도 '왜 K-POP이 좋은가'라는 질문에서 90% 정도가 뮤직비디오, 60% 정도는 춤이 멋있어서 좋다는 대답이 나왔다. 4, 5, 6번 질문에서도 여전히 뮤직비디오를 보자마자 혹은 뮤직비디오를 본 처음 순간부터 K-POP 아티스트들이 좋았다는 대답이 함께 나왔다. 곡은 기본으로 좋고, 시각적인 부분이 얼마나 중요한지를 알 수 있는 대목이다. 음악적 상황과 아티스트 개인들의 스타일을 잘 살린 뮤직비디오의 시각적 즐거움이 얼마나 중요한지 여기서 다시 한번 확인되었다. 이 부분을 가장 잘 설명한 응답을 발췌해 한국 청소년들이 사용하는 단어를 사용해 의역으로 해석해 봤다.

"EXO의 〈으르렁〉이 내 최애다. 12명의 아름다운 소년들이 늑대 콘셉트의 복장을 하고 드라마를 만들어내는 모습은 매우 인상이 깊었다."

"내가 처음 관심을 가지게 된 뮤직비디오는 빅뱅의 〈*Bad Boy*〉이었다.
노래가 뭔가 이상한데, 내 심장을 뚫어버렸다. 지용의 스타일은 심하게 과
장되었는데, 그런 그의 패션에 매료되어 버렸다."

두 번째 스타일은 노래 가사 탐구형이다. 노래 가사를 듣고 해석하고
분석을 해보니 마음에 와 닿아서 진심으로 좋아한다는 유형.
세 번째는 공부형이다. 아티스트들의 학창 생활, 취미 생활, 노래에
얽힌 배경, 노래를 작곡·작사한 이유를 공부하면서 좋아졌다는 대답도 2
명이나 있었다. 그중 일목요연하게 정리된 답변을 엄선했다.

"처음 EXO의 뮤직비디오를 봤을 때 나의 역사가 시작되었다. 그룹의
콘셉트가 좋아서 그들의 비디오를 더 찾아보면서 EXO에 관한 정보를 찾
아봤다. 알면 알수록 더 좋아졌다."

개인적으로 놀라웠던 부분은 KCT 이벤트에 갔다가 K-POP이 좋아
졌다는 응답이 2명이 나왔다는 점이다. 이 부분은 또래 집단(peer group)
형성의 중요성을 재확인시켜주는 부분이다.

Q7. 현재 좋아하는 K-POP 아이돌을 좋아하는 이유는?

4, 5, 6번의 질문은 처음에 어떤 점에 반해서 좋아하게 되었는지, 첫
인상에 대한 간단한 응답들이었다면, 7번은 현재 좋아하는 K-POP 가수
가 왜 좋은지에 대답이다. 그래서인지 대답들이 매우 신중하며, 대부분

세 줄 이상의 장문으로 대답했다.

90% 이상이 현재 좋아하는 아티스트로 BTS를 답했다. 수많은 답들을 정리해 보면 다음과 같다.

곡에서 전달되는 메시지가 자신들의 어려운 시기를 잘 버티도록 정서적으로 도왔다. 궁극적으로 노래 가사를 통해서 행복한 생각을 가지도록 했고, 미래를 꿈꿀 수 있게 되었다.

가장 잘 표현한 응답들을 해석해서 정리했다.

"BTS는 (상대적으로) 작은 소속사라는 약점이 있어 그로 인한 많은 어려움을 이겨낸 그룹이다. 그들은 음악을 통해서 하고 싶은 말을 전달하며 전 세계 팬의 사랑을 받을 수 있었다. 심지어 작곡·작사를 직접 할 수 있는 재주가 많은 그룹이기 때문에 그들의 공연을 통해 한국 문화도 전하고, 개인사도 전한다."

"BTS의 노래를 통해 내면의 두려움을 직시하고 나를 극복하게 되었다."

"BTS는 데뷔부터 시작해 지금까지 곡 구성부터 안무까지 참여해 왔고, 조금씩, 조금씩 명성과 인기를 얻어가는 과정을 보여줌으로써, 우리도 열심히 한다면 꿈을 이룰 수 있다는 걸 증명했다."

"BTS, 새롭고 생경한 그들의 음악이 자연스럽게 기존 음악 시장에 잘 스며들었다. 그들이 스스로 만든 그들만의 노래와 메시지에 나를 항상 대입시킬 수 있어서 좋다."

"BTS는 지난 7년 동안 컴백할 때마다 새로운 콘셉트, 다양한 스타일의 등장은 단 한 번도 나를 실망시킨 적이 없다. 보컬은 K-POP에서 단연 최고이다. 그들은 나에게 형제 이상이고 가족 이상의 의미가 있다. 노래를 들을 때마다 울기도 하고, 내 영혼을 들었다 놨다 한다. 이유가 너무 많아서 한마디로 설명할 방법도 없고 어찌 설명해야 할지 딱히 모르겠지만, 나는 그들 자체 그대로 좋아한다."

"EXO는 노래 대부분에서 그들의 경험과 이야기를 전달한다. 그들의 음악을 들으면 나의 문제들을 직시하고 해결할 방법을 찾게 된다. 나는 노래를 들으면서 문제를 해결하는 방식을 찾았다. 이들의 노래가 나에게는 응원가이다."

"NCT는 어려운 안무를 음악에 완전하게 일체시켜 동기화했다. 그들의 독특한 목소리는 나를 매혹시키며, 가사의 내용은 흥미진진하다. 뮤직비디오는 그들 개인의 이야기를 하면서도 하나의 그룹으로 잘 매듭지어 환상적으로 완성한다. 언제나 다음 신곡은 더 좋다는 생각이 들도록 기대하게 만든다."

"에이티즈(ATEEZ)의 민기에 대한 편견이 있었지만, 나중에 해적왕 랩을 듣자마자 좋아하게 됐다. 솔직하게 말하자면 데뷔할 때부터 눈여겨보고 있었고, 노래가 전하는 메시지로 어려움에 처한 나를 많이 도와줬다.

그들의 춤동작과 무대 위에서의 공연은 언제나 내 스타일이고, 무대와 공연 장소가 바뀔 때마다 항상 메시지를 전달해 왔다. 나의 최애 그룹이다"

"선미의 경우 깊고 강렬한 가사를 전달하면서 아름다우나 슬프고, 또 그렇지만 흥미진진한 세계로 나를 이끈다. 춤의 기술과 다양한 감정을 잘 표현하기도 한다. 독특한 패션스타일을 잘 보여줘 왔으니 유명 의류 모델도 하는 거다. 모모랜드(MOMOLAND)는 다양한 테마와 활기찬 노래라 내가 운동하거나 특별한 순간에 골라 듣는다. 그 활기로 최근엔 뽀로로와 협력해서 어린이 동요도 불렀다. 한편 세븐틴(Seventeen)은 그들이 직접 안무를 짜기 때문에 외부의 입김이 들어가지 않는다. 그들은 그들의 어려운 안무와 완벽하게 동기화, 독특한 색깔의 목소리로 나를 끌었다."

"드림캐쳐(Dreamcatcher)의 음악 스타일, 안무, 각각의 뮤직비디오가 전달하는 이야기는 단순히 하나의 이벤트를 넘어선 복합적인 드라마적 요소에 두려움, 고통, 욕망과의 싸움 등의 내용을 다 담았다. 일렉트릭 기타와 오케스트라를 동원하기도 하고, 록 음악도 가미하는 등 여러 음악 장르를 넘나들면서 나를 다른 차원으로 이동시키며 꿈을 꾸게 한다. 이렇게 다른 그룹과 차별화된 모습이 나를 동화시켰다."

Q8. K-POP으로 인해 한국에 대한 인식과 생각이 바뀌었는가?

80% 이상이 한국에 대한 인식이 바뀌었고, 한국을 좋아하게 되었다고 응답했다. 15% 정도는 한국에 대한 인식이 바뀌진 않고 그대로라고

했으며, 10% 정도는 이미 그전부터 한국 드라마를 통해 한국을 알고 있었다고 답했다.

가장 많은 유형의 응답과 생각해 볼 필요가 있는 응답을 해석해서 옮겨봤다.

가장 많은 유형의 응답

"K-POP을 접하면서 한국어와 한국 문화에 대해 공부하게 되었고, 한국이라는 나라에 푹 빠졌다."

"한국 드라마는 아무 생각 없이 시청했었다. K-POP을 통해 한국 사회가 어떻게 작동하는지 드라마를 볼 때보다도 조금은 더 많이 이해하게 되었다."

"K-POP으로 한국에 대한 나의 인식이 바뀌기 시작했다. 한국이라는 나라, 문화, 국민들이 사는 방식에 관심이 생겼다. 작년부터는 한국의 사회적 관습과 보편적 정서를 알아보면서 배울 점이 많은 나라라고 생각하기 시작했다. 나는 한국을 좋아한다. 단지 K-POP 때문에 한국을 좋아하는 게 아니다."

"K-POP 이전에 이미 한국을 좋아하고 있었다. 한국 드라마를 보며 한국 문화의 열정을 느끼고 있었다."

"한국 드라마를 보면서 이미 한국을 좋아하고 있었다. 한국은 K-POP

이상의 나라이다. 음악이 한국을 더 유명하게 만들었지만, 한국의 문화, 역사, 음식, 장소들, 언어 등 모든 걸 좋아한다. 다시 말하지만, K-POP은 한국을 대표하는 여러 가지 중 하나이다."

생각을 해봐야 할 응답

"한국 드라마들을 보면서 이미 겉모습은 알고 있었는데, 다큐멘터리들을 보면서 한국에 대한 이해를 달리하기 시작했고 진짜 한국을 알게 되었다."

"팝 아티스트들은 한국인을 대표하는 사람들이다. 한국은 한국일 뿐이다. 한국을 여행하며 한국도 그저 다른 사회처럼 완벽하지 않다는 것을 확인했다."

"나는 일본 문화가 백만 배는 더 좋다."

"K-POP으로 인해 한국이라는 나라에 대한 생각이 좋게 바뀐 적이 없다. 다만 내가 원래 한국에 대해 가지고 있던 생각이 더 심화된 지점이 있다. (가수들의 잇따른 자살을 보면) 솔직히 한국은 심각한 문제가 있는 나라다. 내 친구들이 한국 아티스트들을 팔로우하고 있는 것만으로도 나는 내 친구들의 심리적 안정을 걱정하고 있다. 이는 전부 한국 사회가 가지고 있는 사람을 지치게 만드는 병폐 때문이다."

위의 응답은 특별히 KCT 회장단에 조언을 구했다. 응답을 한 사람들이 KCT 그룹 내의 사람들이라서 가능했다. 문의 결과 생략된 문장을 확인하고 괄호 안의 내용을 보충했다. 오해의 소재를 막기 위해서 확인하고 내용을 보충했음을 밝힌다.

Q9. 한국 드라마를 K-POP만큼이나 좋아하는가?

80% 정도는 한국 드라마와 K-POP을 함께 즐기고 있고, 20% 정도는 음악만 좋다고 응답했다. 한명은 한국 드라마를 아직 보지는 않았으나, 무조건 좋아할 것 같다고 대답했다. 이 외에 K-POP이 더 좋으나 한국 드라마도 조금은 좋다고 응답한 경우도 80%에 포함시켰다.

Q10. K-POP 덕분에 자신이 바뀌었고, 친구들과 더 잘 어울리게 되었는가?

이 질문 때문에 두 번째 설문을 진행할 수밖에 없었다. 간단하게 정리하자면 단 두 명을 제외하고는 정도의 차이는 있어도 본인이 긍정적으로 바뀌었다고 인정했고, 친구 관계도 더 친밀해졌다고 응답했다.

"나는 다른 사람으로 변했다. 비슷한 취미를 가진 사람들을 만나면서, 긍정적인 사고와 가치를 가지게 되었고, 이전보다 훨씬 더 나를 사랑하게 되었다"

"K-POP 아티스트들은 어려움과 고난을 포기하지 않고 극복할 것을 몸소 실천하며 보여주었고, 가르쳐주었다."

"진심으로 나는 더 나은 사람으로 변화했다. 조금 더 참을성 있고, 성숙하며, 나의 주장을 관철하기 시작했다. 그 외에도 K-POP에 대한 같은 열정을 가진 훌륭한 사람들을 만나기도 했다. 내가 더 나은 사람으로 성장할 수 있는 상황이 감사하다."

"정말 그렇다고 할 수 있다. K-POP 덕분에 어디서도 만날 수 없는 좋은 사람들과 우정과 경험을 가지게 되었다. 이로 인해 정서적으로나 도덕적으로 더 나은 새로운 삶을 시작했다는 것은 분명한 사실이다."

"누구라도 K-POP 세계에 발을 디디면 반환점은 있을 수가 없다. 나 자신을 단련하기 시작했고, 새로운 목표가 생겼으며, 그 목표를 이루는 것에 대한 방법에 대한 새로운 개념을 가지게 되었다."

"내 꿈은 이미 더 크고 아름다운 목표로 가득하다. 내 사고방식은 K-POP으로 인해 완전히 바뀌었다. 나는 좀 더 개방적인 사람이 되었고, 더 이상 다른 문화나 음악을 두려워하지 않는다."

"K-POP 뮤직비디오와 견줄만한 데가 어디에도 없기 때문에, K-POP 뮤직비디오에 임하는 내 태도가 공손하게 변했다"

"나의 마음가짐 자체가 바뀌었다. K-POP의 제일 중요한 점은 내가 정서적으로 가라앉고 인생이 힘들 때, 나를 지켜주고 지탱하게 해준다는 것이다."

"부분적으로 인정. 마치 다른 방식의 인생을 보게 되었다. 마치 요가를 하면서 안정을 취하는 것처럼, K-POP을 들으며 다른 세계를 보게 되었다."

"사람들에게 잔인한 한국 사회에서, 한국 아티스트들은 성격과 맞지 않음에도 자신을 사랑하고 꿈을 이뤄나간다. 이런 잔인한 사실 속에서 쿠바의 이데올로기와 국가를 한국과 비교하며 알게 되었다. 내가 속한 사회의 자유의 가치를 알게 되었으며, 내가 어떻게 하면 영리하게 잘살 수 있는지를 배웠다"

"내 성격을 바꾸게 되었다. 조금 더 사교적으로, 외향적으로, 내 의견을 무시하는 사람으로부터 나를 보호하게 되었는데 K-POP 뿐만 아니라 KCT 클럽의 도움도 컸다. 클럽의 사람들은 우리에게 음악 이상의 것을 보여주었다. 한국이라는 나라의 가치, 우리 쿠바 사람들이 배워야 할 그 나라의 가치와 문화를 보여주며 존중하는 법을 배웠다. K-POP은 일부일 뿐이라는 것을 KCT 클럽이 보여주었다."

이 마지막 응답 때문에 두 번째 설문으로 이어졌다. KCT의 역할이 어떤 영향을 끼쳤는지가 궁금해졌고, 한국의 생활양식은 한국 드라마를 통해 배웠을 것이라는 예상 때문이었다.

(2) K-DRAMA에 관한 설문

Q1. K-DRAMA를 처음 봤던 해는 언제인가? K-DRAMA에 대해 어떻게 처음 알게 되었나?

한국 드라마를 보기 시작한 연도로 등장한 첫해는 2010년. 그 이전은 없다. K-POP에서 언급했던 바와 같이 2010년부터 중국이 카리브해 지역의 미디어 통신 사업을 시작하면서 쿠바에도 한국 드라마가 알려지기 시작했다는 경로를 다시 복기하게 된다.

KCT 회원들의 증언에 따르면 쿠바 국영 방송을 시청하는 많은 쿠바인은 처음엔 한국이란 나라의 것이라고는 상상도 못하고, 중국 드라마인 줄 알고 시청한 경우가 많다고 했다. 쿠바 국영 방송에서 방영해서 처음 본 한국 드라마로는 〈꽃보다 남자〉, 〈천국의 계단〉, 〈미남이시네요〉로 응답했다.

쿠바 국영 방송으로 시청한 경우보다, 한국 드라마 알리기에 더 효과가 좋은 방법은 친구였다. 응답의 66% 정도가 친구가 전해준 CD로 컴퓨터로 처음 한국 드라마를 시청하기 시작했으며, 가족이 시청하는 것을 같이 시청한 경우는 2건 정도였다. 내가 주목하고 싶은 경우는 KCT 이벤트를 통해서 처음 한국 드라마를 접한 경우도 4건이나 있었다는 점이다.

Q2. K-DRAMA는 어떤 점에서 좋아하는가? 좋아하는 배우들은 누구인가?(복수응답 가능)

이야기의 흐름과 구성이 좋다가 단연 최고로 75% 정도가 여기에 응답했다. 한국의 문화와 예술을 볼 수 있는 총체적 예술이라는 답변도 25% 정도 나왔다. 캐릭터가 좋아서 한국 드라마가 좋다는 답변도 일부 나왔다. 이외에 배경음악, 역사, 혹은 카메라 기술이 좋다는 대답도 나왔다.

좋아하는 배우들로는 이종석과 이민호가 가장 인기가 좋았다. 한국에서 인기배우는 쿠바에서도 인기가 있다. 주목하고 싶은 점은 좋아하는 배우로 어머니 역할을 하는 김영옥 님과 김미경 님이 좋아하는 배우로 꼽혔다. 한국 드라마의 인기 요소에서 캐릭터의 중요성을 볼 수 있다. 응답자들은 16세에서 25세 전후로 쿠바의 청년들이다. 젊은 청춘스타들이야 굳이 설명하지 않아도 될 정도로 화려한 외모와 더불어 연기도 출중해 흠잡을 데가 없어 좋아하는 것이 당연하다고 평할 수 있지만, 어머니 역할을 하는 베테랑 연기자들도 쿠바 청소년들이 좋아한다는 점을 짚고 넘어간다.

한국 드라마에 대해 전문가 수준의 분석을 한 응답이 있어 전한다.

"한국 드라마를 말할 때 종종 아름다운 배우들이 언급되는데 이게 다가 아니다. 섬세한 카메라 기술, 앵글, 화면을 장악하는 능력, 이런 것들이 여태껏 봐왔던 서구 드라마들과 완전히 다르다. 장면들을 잡아내는 이 특별한 방법들이 극중의 효과를 극대화시킨다. 꽃잎과 나뭇잎 흩날리기, 계절의 변화에 따른 빗방울이나 눈꽃 날리기는 예술이다. 거기다 사운드 트랙은 자막이 없어서 가사 뜻이 뭔지 모르고 드라마를 보지만 장면마다 감정을 잘 살리고 있다는 걸 느낄 수 있다. 작가가 극중 주인공의 캐릭터를 잘 잡아 이끌어 나가게 하는 것이 너무나 대단하다."

Q3. 어떤 장르의 K-DRAMA를 좋아하는가?(복수응답 가능)

드라마 장르	응답
로맨틱 코미디	90.00%
코미디	58.00%
액션/서스펜스	66.00%
역사 드라마	64.00%
정치 드라마	22.00%
막장 드라마	24.00%

　　로맨틱 코미디가 단연 인기이다. 선남선녀들이 재미있게 사랑을 하는 건 만국공통 싫어할 이유가 없다. 그러나 액션/서스펜스와 역사 드라마에 대한 비중도 높다. 드라마라는 것이 그 나라의 대한 총체적 문화의 부산물이라 할 수 있다. 문화와 생활에 공감을 하지 못하면 재미를 느끼지 못 할 수도 있는 것이 드라마라는 장르인데, 심지어 역사물마저 인기 높다. KCT 임원들의 설문에서 나왔듯이 역사를 공부해가며 드라마를 시청한다는 것도 알게 되었다. 드라마 제작자분들은 내용과 장르를 걱정하지 말고, 마음껏 창의력 발휘하면서 글 쓰고 드라마를 제작해도 될 법할 수치들이다.

Q4. K-DRAMA의 평균 시청 시간은?

시청 시간	응답
4시간 이하	26.00%
4~8시간 사이	22.00%
8시간 이상	22.00%
기타	30.00%

주어진 시간외의 응답한 내용을 보면, 코로나 시국이라 일이 없어 집에 있게 된 후로 하루 종일 시청하므로 시간을 정할 수 없다, 시간이 날 때만 볼 수 있어서 못 본지 꽤 되었다, 하루 평균 2~3시간 정도 시청한다, 여가 시간에 따라 달라진다 등이 있었다. 혹은 주말에 한번 시작하면 시리즈가 끝날 때까지 다 본다는 응답이 4명이나 있었다.

Q5. 한국 사회의 현실이 K-DRAMA에 반영되었다고 생각하나? 한국(정치, 일자리, 학교 등)에 대한 여러분의 인식은 어떤가?

답변을 독자들이 읽기 전에 미리 정리할 부분이 있다. 질문을 정치, 일자리, 학교로 정해 물어봐서 답변도 이 3가지 내용으로 집중해서 나왔다. 만약에, 일반인들의 사랑과 한국 음식도 예로 포함되어 있었다면, 답변들이 가볍고 재미있게 나왔을 것이라는 점을 고려했으면 한다. 이러한 부분은 이미 다른 질문에서 여러 가지 방식으로 응답되었다. 한국 사회가 한 번 더 생각할 수 있고, 개선할 수 있는 부분을 개선하여 발전으로 이어진다면 이보다 더 좋을 수 없지 않을까 한다.

"한국 드라마는 한국의 현실을 제대로 반영했다고 판단하고 있다."

"남한의 드라마는 한국의 현실을 반영한다. 알게 되면 될수록 여타 다른 나라들이 가지고 있는 불완전함도 있다는 걸 발견한다. 그러나 나는 사회를 지배하고 있는 전반적인 가치가 학교와 직장에서 더 나은 사회로 발전해 나가는 점을 존경한다."

"드라마에서 한국이 얼마나 아름다운지만을 보여주는데, 시청하는 사람들에게 잘못된 인식을 심어줄 수도 있다. 한편 사회문제를 보여주기도 하는데 비판을 이끌어내기도 한다."

"매우 국가주의적이고, 미국과 시스템이 비슷하다."

"내가 보기에 한국은 존경할만할 전통들을 많이 가진 국가주의 나라이다. 개방과 통합의 과정을 거치면서 기존의 가치와 전통을 불태워 버리지 말고, 다른 나라의 시스템을 통합하고, 흡수해야 하는데, (미국의 것을) 그대로 복사해 버렸다."

"장점과 단점, 2가지로 나눠서 이야기하고 싶다. 장점이자 내가 좋아하는 부분인데, 어린이들을 매우 잘 보살피고, 노인을 공경하는 모습이 좋다. 식당이나, 카페, 병원에서도 친절한 모습이 매우 보기 좋다. 특히 〈당신이 잠든 사이에〉, 〈수상한 파트너〉 같은 드라마를 좋아하는데, 이 두 드라마를 통해서 장점들을 볼 수 있었다. 단점은 심한 경쟁에서 야기되는 자살이다. 최선을 다하고 자신을 극복하겠다고 자신을 극으로 몰아치다가 자신의 내면을 파괴하기도 한다. 가장 이해할 수 없는 부분은 너무 쉽게 자살을 한다는 점이다. 모든 성인들은 문제에 직면하기 마련이다. 하지만 자존감 상실하고, 자신이 없고, 우울하고, 지쳐도 자살은 하면 안 되는 것이다. 탈출구를 거기서 찾으면 안 된다. 인생은 매우 짧고 소중하기 때문에 그렇게 소비하면 안 된다."

"직장은 직원들에게 너무 많은 요구를 하고, 사람들은 생활을 위해 내야 하는 돈이 너무 많아 직장을 2~3개씩 가지기도 한다. 학교에서도 학생들에게 너무 많은 걸 시키고, 학생들은 온종일 공부만 하며, 미래를 위해서 열심히 일해야 하며, 모두가 다 승진을 할 수는 없으니 사업을 해야 한다. 그래서 해마다 천명도 넘는 학생들이 압박을 이기지 못해 자살을 한다."

"한국은 고도로 발달한 부자 나라이기에, 돈이 없거나 좋은 직위가 없으면, 사회적 계층이 더 위로 올라갈 수가 없다. 학생들은 학교에서 왕따를 당한다. 그리고 외모가 중요하다. 정말 많은 사회적 모순들이 보이는데, 그중에서도 직장 상사들의 갑질도 문제다. 정치적 부패도 보인다. 돈으로 직장도 사고, 정치에서 돈으로 고위직으로 올라가기도 한다."

"어느 정도는 닫힌 사회로 보인다. 드라마에서 사회계층의 차이로 사람을 평가하는 것을 볼 수 있다. 부모는 언제나 자녀에게 완벽해지라고 요구하면서 자녀들이 하고 싶은 것을 못 하게 한다."

"한국은 풍성한 문화와 수련의 사회이다. KCT 클럽과 한국 드라마를 통해서 한국이라는 나라가 어떻게 돌아가는지를 알 수 있게 되었다. 정책은 잘 정해져 있으며, 학교는 공교육과 사교육이 가장 중요한 부분으로 사회가 돌아간다. 예술에 강점이 있으며, 매우 노동집약적이고 사람들이 원하는 것을 얻기 위해서 매우 열심히 일해야 한다."

"사회적 관습이 강한 문화로, 너무 많은 관습에 관한 요구들이 있다."

"많은 드라마에서 볼 수 있는 한국 사회의 진짜 문제들을 밝히고 싶지만, 한국뿐만 아니라 대부분의 자본주의 국가에서도 볼 수 있는 문제들이라… 한국은 학생들 사이에서 왕따를 흔하게 겪을 수 있으며, 수업에서조차도 사회적 계층의 차이를 보인다. 사람답게 살려면 좋은 직장과 엄청난 공부가 필요한 나라이다."

Q6. K-DRAMA가 한국 사회를 정확히 반영한다고 생각하는가?

평균 67%가 나왔다. 한국 드라마가 한국 사회를 반영한다고 생각하는 수치이다. 가장 높은 수치는 100%가 있었으며, 낮게는 40%가 있었다. 응답자의 절반이 넘는 수가 드라마의 실제 사회 반영률이 70% 혹은 80%라고 응답했다.

이 응답을 보고 비로소 이해가 되는 부분이 있었다. 쿠바 청소년들과 대화를 하다가, 부모님들이 "공부는 안 하고 듣도 보도 못한 중국 춤에 시간 낭비하는" 등등의 부분에 대해 대화를 하던 중 내가 이렇게 말한 적이 있었다. '부모님이 자녀들 걱정하시는 건 한국이나 쿠바나 비슷하다'라고 말했더니, 청년들이 진심으로 들고 일어났다. "쿠바 부모님들은 한국처럼 심하지 않다"며 얼마나 격하게 반응하던지 놀란 적이 있었다. 대다수가 한국 드라마 〈SKY 캐슬〉을 본 후였고, 대부분이 충격을 받았으며, 한국 학생의 70~80% 정도는 〈SKY 캐슬〉 같은 생활을 한다고 믿었으니 저런 반응이 나올 만도 하다. 나머지 40~50%도 맞다고 생각하니 "쿠바 부모님들이 그 정도는 아니에요."라고 했던 것이 이해가 간다. 앞으로는 드라마 끝 부분에 "이 드라마의 내용은 한국 상위 5%에서 일어날 수 있는 가능성을 상상하여 만든 것이므로 일반화하지 마세요."라는 문구라도 넣어야 하나라는 생각을 잠시 해본 적이 있다.

Q7. KCT에 가입하고 이벤트에 참여한 이유는?(복수응답 가능)

이유	응답
한국에 대해선 관심이 없고, 친구들 만나려고 가입했음.	0.00%
한국 문화에 관심은 조금 있으나, 친구들 때문에 가입했음.	4.88%
한국 문화와 드라마를 좋아하고 비슷한 관심사를 가진 친구들과 어울리는 게 좋아서 가입했음.	74.00%

그 외의 대답에 흥미로운 응답들이 있어서 전한다.

"나는 원래 일본 애니메이션을 즐겨보는 아시아 문화를 좋아하는 사람이었다. 여기서 아시만 문화란 음악과 드라마를 제외한 것을 말한다. 어느 날 친구들이 나를 납치하듯 KCT 이벤트에 끌고 갔다. 가서보니 좋은 사람들과 분위기가 좋아서 거기서 만난 사람들과 다 친구가 되었다."

"KCT 이벤트에 가는 이유는 내가 좋아하는 한국 문화를 배울 수 있고, 내가 필요한 부분에 도움을 받을 수 있고, 같은 생각을 가진 사람들을 만날 수 있어서 가는 것이다. 꼭 음악과 드라마 때문이 아니다."

"나보다 한국을 더 많이 이해하고 있는 사람들이 한국에 대해 알려주고, 한국 드라마에서 내가 이해하지 못하고 놓친 부분들을 집어내서 의견을 교환할 수 있는 곳이 KCT뿐이다. 대화할 때마다 서로 존중하며, 본인들이 아는 한 최선을 다해 전달해 주려고 하는 열정에 더 끌렸다."

클럽 주요멤버가 클럽의 동기와 목적을 남겼다. "KCT 클럽 창립멤버로서 말하자면, 우리들의 프로젝트 목표는 지역 쿠바 사람들에게 한국을 알리고 같은 흥미를 가진 사람들을 만나게 해서 취미활동을 같이하게 하는 것이다." 이에 나는 설문지 질문을 너무 간단하게 만든 점을 반성하고 있다.

Q8. K-DRAMA(한국 문화)가 여러분의 삶에 얼마나 큰 영향을 미쳤는가? (한국 드라마로 인해 바뀐 점 예시: 패션/메이크업 스타일, 음식, 음악, 성격, 행동방식, 삶의 목표 등).

패션과 메이크업을 한국식으로 바꾼 응답자들이 절반이 넘었다. 건강하고 맛있는 음식을 먹기 시작했다는 응답도 30%나 되었다. 성격이 긍정적으로 바뀌었다고 한 응답자들 30%. 생활습관이 한국식으로 부지런해졌다는 응답도 20%. 삶의 목표가 생겼다는 응답은 30%. 한국 음악만 듣는다는 응답은 30%. 같은 생각을 공유할 수 있는 KCT에서 좋은 친구를 만나고 잘 유지한다는 응답도 20%나 되었다. 한국 드라마를 보면서 어른들을 공경하기 시작했다는 응답도 나왔다.

흥미로운 응답들을 전한다.

"12살에 처음 한국 드라마를 보기 시작한 이후 내 스타일을 바꿨고 그렇게 9년이 흘렀다. 나와 딱 맞는 KCT 그룹과 함께하며 편안한 안식처로 느끼면서 즐거움을 느꼈다."

"나는 너무 오래전에 시작해 바뀌었고, 그전의 내가 어땠는지 기억도 나지 않는다."

"내 성격이 바뀌었고 패션, 메이크업 스타일이 바뀌었고, 식습관도 건강하게 먹으려는 노력을 매일 하고 있다. 서로를 공경하는 점도 좋다."

"아시안 문화는 나를 더 강인하게 단련시켰다. 한국 문화 관습들을 존경한다."

"솔직히 엄청 바뀌었다. 한국 문화가 아니었으면 오늘의 나는 없다."

"한국 드라마와 한국 문화는 내 인생의 기준을 바꾸었고, 스타일과 성격마저 새롭게 만들었다."

"내 나이가 뭘 그렇게 바꿀 수 있는 나이는 아니라서…. 달라진 건 없다."

"패션 스타일이 눈에 띄기는 하지만 나랑 어울리는 스타일은 아니라서… 한국 드라마는 음식이 안 나오는 경우가 없다. 음식에 대한 탐미적 자세로 음식들을 화면에 표현하는데, 화면에 들어갈 지경이다. 쿠바에는 그런 게 없어서 아쉽다. 한국의 모든 면이 다 훌륭하지 않고, 문제들이 있다는 건 알지만 그래도."

"삶의 경중, 노력해야 한다는 점, 성공을 위해서는 분노와 창피함도 무릅쓸 수 있어야 한다는 점 등에 영향을 많이 받았다. 아내가 한국 드라마를 보기 시작한 이후로 가능해 보이지 않았던 새롭고 맛있는 음식들을 만들기 시작했다."

"정말 많은 영향을 받았다. 2018년부터 나는 좋은 버전의 다른 사람이 되기 시작했다. 긍정적인 면을 보기 시작했고, 우물 밖을 벗어나 세계를 바라보기 시작했고, 반사회적인 성향도 버렸다. 또 다른 나를 발견했고 그런 내가 좋다."

"긍정적인 부분을 완전히 흡수해 버렸다. 내 목표를 이루기 위해 열심히 노력을 하기 시작했다. 가족들과 보내는 시간이 소중해지기 시작했으며, 어른들을 공경하는 것이 중요하다는 것도 깨달았다. 이런 점들이 쿠바 문화를 새롭게 진일보시킬 수 있다."

Q9. KCT는 응답자에게 어떤 역할과 존재인가? (KCT가 K-DRAMA나 한국 문화에 대한 관심을 높였는가? KCT 그룹 활동 때문에 한국 문화를 좋아하는가? KCT는 한국 문화를 논의할 커뮤니티를 제공하나?)

선행했던 K-POP에 관한 설문에서 나왔던 답변 하나가 이 9번 질문을 이끌어냈다. 응답들을 보면 KCT가 한국 문화 전파에 있어서 무슨 내용을 가지고 어떻게 전파했는지를 엿볼 수 있는 한편, 우리들에게는 한국 문화 전파에 유의할 점들을 알려준다.

쿠바 청소년들의 생각하는 방식, 옷 입는 법, 행동 양식이 KCT 회원들처럼 한국적으로 바뀐 것은 다시 말해, 문화 교차를 통해 가치관과 생활 방식이 바뀐 것이라고 볼 수 있다.

"좋은 친구들을 만날 수 있는 건전한 곳으로, 이 지역사회에 타문화에 대한 관심을 높이고 청소년들에게 그 가치를 전하는 곳이다."

"갓난아기가 울면서 성장해 나가고, 발전하면서, 그렇게 함께 큰 가족이 KCT이다. 우리는 매일매일 새로운 것을 배우고, 긍정적이고 사람이 가득한 메시지를 한국 음악, 드라마, 영화, 예술 등을 통해 전달한다. 가능한 한 모든 관점과 취향의 대중을 다 품고 전달하려고 노력한다. KCT에 모인 사람들은 한국 문화에 대한 이해와 분석을 쿠바의 문화와 경험을 반영하며 비교하는 것도 함께한다."

"한국에 대한 관심이라는 작은 불씨가 KCT라는 나무를 만나 커다란 불꽃으로 피어나 절정을 이루는 곳. 이곳에는 남들이 나를 어떻게 판단할지 염려하지 않아도 되는 곳. 스태프로 활동하면서 뭔가 큰일을 하고 있는 것 같은 생각이 들면서 내가 매우 쓸모 있는 사람이 된 거 같은 자존감이 살아나는 곳이다. KCT가 하는 일들이 다 좋으며, 내가 할 수 있는 한 최선을 다해 봉사할 것이다."

"쿠바와 한국 문화가 만나는 접점에 KCT가 있다고 생각한다. KCT는 한국 문화에 대해 몰랐던 점을 배우고, 토론하는 곳이다. 같은 관심사를 가진 사람들이 모여 연계하면서 문화의 향연이 일어나는 장소이다."

"KCT는 한국이 단지 한국 드라마나 K-POP 이상의 가치를 가진 곳이라는 것을 알려준 곳이다. 또한 어린아이들부터 노인들까지 함께 어울릴 수 있는 편안한 장소를 제공함으로써 누구나 한국에 대한 관심을 가질 수 있게 도움을 주었다."

"사실 KCT 이전에 한국 문화에 대해 알고 있었다. KCT 이벤트에 참여하면서 바뀐 점들이 있다. 가령, 걸 그룹들이 별로였는데 지금은 좋아졌고, 다른 언어 배우는 게 싫었는데 지금은 한국어를 배우면 배울수록 더 알고 싶어졌다."

"나에겐 대가족과도 같은 존재이다. 클럽회장단을 존경하고 감사해 마지 않는 이유가 이들 덕분에 한국 문화에 대해 제대로 알게 되었다. 한국 문화를 좋아하게 된 이유가 KCT에서 여러 가지를 배우고 경험할 수 있기 때문이었다.

"단순한 클럽 이상의 곳이다. KCT 덕분에 내 일상에 적용할 수 있는 새롭고 다른 것들을 배울 수 있었다. 가르쳐준 많은 것들 중에 새로운 가치와 방법들로 인해 시간을 아낀다던가, 예술을 알아간다던가…."

"그다지 실생활에 도움이 된 건 없지만, 한국 드라마는 좋다."

"그곳이 나의 취미가 시작된 곳이다"

"KCT는 나의 한국 집이다"

"같은 취미를 공유할 수 있는 좋은 장소이다"

"KCT는 나에게 가족과 같다. 그들이 없었다면 지금의 내가 가지는 한국에 대한 이해를 할 수가 없었을 것이다. 한국 문화를 알기 위해 방문했었지만, 한국에 관한 정보를 알게 되는 것은 물론이고, 좋은 사람들도 많이 만났다. KCT에서 전해주는 그 정보들을 접하기 얼마 전까지는 그런 나라가 있는지도 몰랐다. 회원인 우리들을 존중했다. 팬덤에서 일어날 수도 있는 싸움이 일어난 적도 없고, 각각의 취향을 동등하게 취급하며, 차별을 한다거나 그러지 않았다. KCT의 가장 인상적인 이벤트는 서로를 존중하며, 우리가 좋아하는 한국 문화를 배우면서 서로 성장한다는 점이다."

"이곳에서 나의 어려움을 극복하고 성장할 수 있었고 나는 내가 자랑스럽다. 잘 정돈된 아늑하고 편안한 공간은 남녀노소 관계없이 한국 문화에 대한 다른 의견을 토론할 수 있기도 하다."

"클럽을 만든 사람 중의 하나로 대답하자면, 나에게 KCT는 또 하나의 가족이다. 한국을 좋아하는 사람들이 모여서 수많은 난관을 함께 헤쳐 나가는 그런 의미의 가족. 여기에서 같은 관심사를 가진 사람들이 모여서 새 친구들을 만들며 한국에 대한 지식을 넓혀가는 한편 다 함께 한국 문화를 즐길 수 있는 그런 곳이다."

"내가 이 부분에 관해서 조금씩, 조금씩 설문의 여기저기에서 대답을 해왔던 부분인데… 진심으로 KCT는 나에게 최고이다. 여기에 들어오면서 굉장한 특권을 가진 느낌이 들 정도이다. 그전에는 한국 드라마나 음악에 대해 부분적으로만 알고 있었다. 지금은 음악과 문화 전반에 대해 알게 되었으며, 전혀 알지 못했던 부분들도 알게 되었다. KCT에서 고심하며 골라서 제공하는 한국 문화들이 너무 좋다. 특히나 좋은 부분은 한국에 대한 정보가 제공된 후에 하는 토론이다. (다른 건 바뀌더라도) 토론만큼은 영원히 지속됐으면 좋겠다."

"이곳에서 마음껏 나의 의견을 말함으로써 일상생활에서 오는 스트레스를 날릴 수 있는 최고의 장소이다. (K-DRAMA, K-POP, 한국 문화) 같은 취미와 취향을 가진 사람들에게 자신의 여러 부분을 보여줄 수 있는 기회들이 있는 곳. 매우 특별한 곳이다. 이곳이 영원히 지속되면 좋겠다."

거의 대부분이 한국 드라마를 다 재미있게 시청해서 어느 하나를 특정할 수 없다는 대답이 제일 많았다. 각자의 취향이 달라 4번 이상 응답이 나온 드라마만 정리해 본다. 김은숙 작가의 〈도깨비〉, 〈상속자들〉, 〈킹덤〉이 나왔고, 〈달의 연인 - 보보경심 려〉도 6명이 응답했다. 〈응답하라 시리즈〉도 3명이 대답했다. 현재 시청하고 있는 드라마는 〈호텔 델루나〉와 〈이태원 클래스〉가 다수 나왔다.

〈이태원 클래스〉의 경우 주인공의 고난과 역경이 힘 있는 자의 횡포 때문에 일어난 일이었고(제니에겐 미국을 상징한다), 그것을 이겨나가는 모습이 쿠바인들과 비슷하다는 의견을 KCT 임원 제니가 따로 전해왔다.

주의해야 할 점은 KCT라는 한국 컬처 클럽 멤버들의 응답이다. 길 가던 일반 사람들의 응답이 아니라는 점을 강조하고 싶다.

혼자서 한국 드라마를 시청하는 정도로는 성격이 바뀌고, 한국의 문화들을 생각해 보며 현실의 생활상을 바꾸고 매일 실천한다는 것이 쉬운 일은 아니다. 이렇게 생각을 해보면 어떨까 한다. 한국 사람이 미국 드라마를 시청했다고 해서 생활 방식을 갑자기 미국식으로 바꾸지는 않을 것이다. 한국의 청소년들이 떡볶이를 딱 끊고 피자만 먹고, 한국에서 유행하는 옷 스타일을 과감히 포기하고, 혼자만 미국식으로 과한 아이섀도를 바르는 화장을 하고, 옷을 입는 한국 사람은 없을 듯하다. 차라리 떡볶이 위에 치즈를 녹여 먹을 수는 있지만 말이다.

KCT의 회원들은 2주에 한 번씩 모여서 다른 나라의 문화를 탐구하는 정신으로 보고, 토론하고, 나에게 어떻게 적용할 수 있는지 생각하는 걸 지난 2년 이상을 반복한 사람들이다. 나와 친한 친구들이 다 그런 방향으로 가고 있고, 그 무리에 속한 사람들이 설문에 응답한 것이다.

▰▰ 한국 사람들이 궁금해 하는 4가지

이쯤 되면 이렇게 말하는 사람이 등장할 수 있다. "에이~ 저건 한국 좋아하는 사람들이 모였잖아. 그거에 관심 있는 사람이 사탕 좀 나눠주면서, 한국 문화에 대해 어떻게 생각하는지 저렇게 집중적으로 물어보니까, 자기 포장도 좋게 하고 대답도 좋게만 한 거 아니야?" 그렇게 생각할 수도 있다. 설문지 조사 정도로 그 사람이 평소에 무슨 생각을 하는지 어떤 사람인지 무슨 수로 알겠는가? 그래서 이번엔 평소의 생각들, 쿠바 사회와 국제정세는 어떤지 알아보기 위해 KCT 임원들의 생각을 물어봤다.

다음 질문들은 한국 사람들이 궁금해 하는 쿠바 사람들이 무슨 생각하는지를 모아서 만든 질문들이다.

Q1. 쿠바에 재제된 무역 봉쇄 '엠바고'를 해제한 미국 전 대통령 오바마에 대한 개인 의견은?

이세: "안 한 것보단 좋았지만 실망스러웠다. 오바마 임기 초에 할 수도 있었던 걸 너무 늦게 2016년에 개방하고는, 미국의 대통령이 트럼프로 바뀐 2017년에 그 전 상황보다 더 악화되었으니 실망스럽다."

제니: "오바마는 쿠바와 미국과의 관계를 개선해서 조금은 나았다. 그걸 임기 말에 해서 문제였다. 트럼프가 되자마자 엠바고 다시 시작했다. 그래도 쿠바와 미국의 관계에 관심 가지고 미국 대사관도 생기고, 크루즈도 쿠바에 들어올 수 있어서 지역 경제도 활성화되고, 경제봉쇄 수위를

낮추기도 했으니 고마운 일이었다. 다시 말하자면 엠바고를 해제한 건 고마웠지만, 기간이 길지 않아서 쿠바 경제에 크게 도움이 되지는 않았다는 점을 말하고 싶었다."

엘리즈: "2016년에 오바마가 쿠바로 직접 왔고, 엠바고 해제를 알리면서 쿠바는 최고의 해를 맞았다. 여러모로 쿠바에 도움이 되었다. 봉쇄정책이 미국과의 관계개선만 있는 게 아니다. 문이 그렇게 꽉 막혀있으면, 다른 나라들과도 문제가 된다. 그래서 오바마한테 일단 고맙다. 그 이후로 다른 나라 유명한 아티스트들도 방문해서 공연도 하고, 영화 촬영도 하고, 유명한 대기업들이 쿠바에 투자하고 싶어 하기도 했었다."

사쿠야: "정치에는 관심이 없어서 잘은 모르겠다. 그래도 그건 좋은 이벤트이긴 했었다. 미국 대통령이 쿠바에 직접 방문했다는 점이 나쁘지는 않았다. 그래도 오랜 기간 동안 봉쇄를 당해 본 우리들이라서 처음부터 그리 쉽게 믿고 그러진 않아서 다행이라는 생각이 든다."

카이토: "오바마가 우리나라에 여러 약속을 했는데 그거 다 지키지 않았다. 미국과 관계개선을 위해서 노력을 했다는 부분은 인정하지만, 대통령 임기 말에 하고 떠났으니 충분할 리 없다. 부분적으로 봉쇄내용 일부 조금 지워줌으로 쿠바 경제가 돌아가긴 했지만. 쿠바는 여전히 봉쇄된 채로 무역을 하지 못하고 있고, 트럼프는 계속 악화시키고 있다. 쿠바는 여전히 고통받고 있다."

릴리안: "들어본 적은 있지만, 관계자가 아닌 우리들은 갈 수도 없고, 음반도 너무 비싸다. 라디오에서 콤파이 세군도는 들어봤지만, 부에나 비스타 소셜 클럽은 단 한 번도 못 가봤다."

제니: "하바나에 있어서 그런지 못 들어봤다."

아나: "들어는 봤는데, 뭐 하는 곳 인지는 모르겠다."

카이토: "그런 곳을 들어보기는 했는데, 하바나에 있어서 못 가봤다."

엘리자베스: "모른다, 들어본 적도 없다."

사쿠야: "사실은 음악은 못 들어봤는데, 매우 유명하다고 이름은 들어봤고 그렇게 부르는 클럽이 하바나에 있다고 했던 게 기억난다."

아투로: "완전 다른 지역에서 다른 관객들을 대상으로 유명한 그룹이다. 우리 같은 일반 쿠바인들은 잘 모른다."

Q3. 쿠바의 의료 시스템에 대해서 어떻게 생각하나?

릴리안: "쿠바의 의료 시스템은 매우 훌륭하다. 나쁜 점은 우리나라가 미국에 의해 봉쇄되어 의약품이 부족하고, 쿠바 국민들은 최적의 위생 상

태를 유지하기가 어려워지고 있다. 엠바고가 의약품 제조에 필수적으로 필요한 약품 재료들을 구입하지 못하고, 병원에 필요한 의약 장비들도 부족해지고. 그럼에도 쿠바는 의료 시스템을 무료로 유지하고 있다."

제니: "미국의 압박 때문에 필요한 의약품과 장비가 다 제공되지 못할 때가 있을지라도 계속 성장하고 약을 개발하면서 무상 의료를 실행하는 쿠바의 의료 시스템은 매우 훌륭하다."

아나: "의료 시스템은 매우 좋다. 의사 상담을 무료로 받을 수 있고, (의약품이 쿠바 내에 없을시) 의사가 처방전을 줘서 따로 구입할 수도 있다."

엘리자베스: "쿠바인들이 가장 자랑스러워하는 것 중 하나가 쿠바의 의료 시스템이다. 항상 사람 중심으로, (과잉 진료 없이) 환자를 위하는 진료이다. 비록 최신식 의료기기는 없을지라도 사람들의 영양 상태나 위생 상태를 개선하면서 신식의료기기 부족 사태를 극복하는 방향으로 잘 해결하고 있다."

사쿠야: "의사가 필요할 때 언제나 무료로 만나고 있기 때문에 나는 만족스럽다. 예외상황이 있을 때도 있지만, 언제나 의사가 학문적으로도 인간적으로도 함께하며 조언을 해주기 때문에 이보다 더 좋을 수가 없다."

카이토: "쿠바의 의료 시스템은 공공의료이다."

아투로: "의대로 입학했다가 내가 하고 싶은 건축으로 전공을 바꾼 입장에서 내부사정을 전할 수 있다. 무상 의료의 장점들은 이미 알고 있으니 단점들을 조금 말해 보겠다. 무역 봉쇄, 경제 상황 악화의 영향으로 의약품, 현대식 기계가 부족하다."

Q4. 쿠바의 유기농 농장, 에너지 재생산에 대해 어떻게 생각하는가?

릴리안: "진심으로 일반인들은 그런 부분에 대해 정보도 없고, 누가 물어본 적도 없고, 알아야 한다고 한 적도 없고 대답을 못 하겠다. 어쨌든 우리가 필요한 건 언제나 살 수 있어서 그 부분에 신경을 쓴 적도 없다."

제니: "그런 주제가 익숙하지 않다."

아나: "뭔지 모르겠다."

엘리자베스: "나라가 에너지 재생 산업에 주력하고 있다는 걸 들어는 봤다. 태양에 사용될 건전지가 매우 비싸기도 해서, 도시와는 멀리 떨어진 외딴곳에서 현재 사용되고 있기는 하다. 미래에는 좀 더 많이 사용하겠지만. 살충제의 경우 그린에너지와 IT가 협업하는 것 같은 식으로 농업에서도 시도되는 게 있는 것 같긴 한데, 비용 때문에 활발하게 사용하고 있지는 않다."

사쿠야: "들어본 적이 없다."

아투로: "자연 에너지 생산을 위해 쿠바 정부가 노력을 하고 있는 것은 맞다. 일반인들이 접근할 수 없는 곳이거나, 너무 비싸서 개인이 태양열 에너지 패널을 구입할 수도 없고, 구입할 방법도 거의 불가능하다."

Q5. 쿠바의 생필품 무료배급제도에 대해 어떻게 생각하나? 그 외 필요한 물품이 있을 때는 어떻게 해결하나?

릴리안: "리브레타(Libreta)라고 생필품을 배급할 때 사용하는 공책이 있다. 이 공책으로 모든 가족이 필요한 물품을 제대로 받았는지 통제한다. 가족 구성원에 따라 양이 달라지긴 하지만 1인당 배급되는 양이 있다. 이하 1인당 배급되는 양이므로 가족 구성원의 명수에 따라 총량이 달라진다. 쌀은 5파운드, 황설탕 4파운드, 백설탕 4파운드, 커피콩은 250그램, 그 외 곡식은 2~3온스씩, 치킨 같은 건 정육점에서 몇 온스씩, 한 달에 계란은 11개씩, 상황에 따라 달라지는 곡식들이 더 있다. 보는 바와 같이 양이 풍족하다고 할 수는 없으나 큰 도움이 되고 있고, 더 필요한 곡식이 있다면 시장에서 구입할 수 있다."

제니: "리브레타(Libreta)는 사람들에게 매우 필요하다. 어린이, 노인, 환자들에게 저렴하게 분배되고 가족들에게 필수품목들로 이뤄져서 큰 도움이 된다. 비록 아주 싸게 구입할 수 있지만, 넉넉한 양이 아니긴 하다. 그 외 더 필요한 건 시장에서 사면 된다."

아나: "생활필수 품목들이 국가에서 배급되는 것으로, 쌀, 설탕, 커피, 오일, 그 외 몇 가지가 배분된다. 부족할 때도 있지만, 필요한 건 가격이 조금 더 비싸긴 하지만 (시장에) 나가서 구입하면 된다."

엘리자베스: "상황에 따라 달라지는 거라 코로나바이러스로 경제 상황이 힘든 이 상황에 식품 배급이 있어 크게 도움이 되고 있다. 더 필요한건 사면 된다."

사쿠야: "이 배급제는 오랫동안 지속되어야할 중요한 배급책이다. 꼭 필요한 최소한의 식량으로 풍족하진 않아도 언제나 필요한 음식이다. 모든 사람이 시장에서 음식을 다 구입할 수 없기도 하고, 요사이 금액이 치솟기도 해서 모든 노동자가 다 구입할 수 있지도 않다. 미래의 언젠가는 사라지겠지만, 지금이 그때는 아니다.

카이토: "쿠바인들에게 꼭 필요한 식료품을 매우 저렴한 금액으로 배급하는 제도이다. 모자란 건 시장에서 사면 된다."

아투로: "냉소적인 내용을 다 쓰고 싶지만, 현재 코로나바이러스로 쿠바의 경제가 안 좋다. 리브레타(Libreta)도 큰 효용이 없는 듯하다."

쿠바의 유기농 농장

나는 실제로 쿠바의 유기농 농장 오르간포니코스 중 한 곳을 견학했다. 오르간포니코스(Organoponicos) 혹은 이드로포니코스(Hidroponicos)라는 이름으로 불리는 농장들이 시범 운영을 시작했다고 한다. 현재 쿠바는 85% 정도의 농산물을 수입하는 실정이다. 자급자족을 위한 대비책의 하나로 최근에 이런 농장들을 시작한 것이라고 하면 적절할 듯하다. 현재 쿠바의 식료품 상황이 그리 넉넉하지 못하고, 이런 농장들은 시범 운영 단계이니 KCT 청년들이 잘 모를 수밖에 없지 않을까? 쿠바 시민들에게 상용화까지는 시간이 걸릴 듯하다.

유기농 '노니'

유기농 비료를 만드는 과정

유기농 야채밭
신선한 황토색 흙에서 야채들이 무럭무럭 자란다.

◀ 지지가 필요한 식물들을 위한 신개념 비닐하우스

쿠바 혁명에서 빛났던 한국인,
'헤로니모'의 손자 '넬슨'을 만나다.

〈헤로니모〉는 체 게바라, 피델 카스트로와 어깨를 나란히 한 쿠바 혁명의 주역이자 쿠바 한인들의 정신적 지주인 헤로니모(임은조) 선생님의 일생을 볼 수 있는 다큐멘터리 형식의 영화이다.

이후, 헤로니모의 가족들 근황을 궁금해하시는 분들이 있다고 들었다. 그래서 쿠바의 하바나에 살고 있는 헤로니모의 손자 넬슨에게 연락을 해서 근황을 물어보았다. 쿠바도 코로나바이러스 시국에 경제가 멈추면서 어려운 고비를 넘어가고 있는 상황이다.

넬슨의 'WHAT'S APP' 프로필 사진

힘든 상황에도 흔쾌히 응답을 해주신 점에 우선 감사의 마음을 전한다.

한국 사람들이 쿠바인들은 어떻게 생각하는지 궁금해 하는 4가지 질문을 넬슨에게도 했다.

1. '부에나 비스타 소셜 클럽'에 대해서 어떻게 생각하는가?

'부에나 비스타 소셜 클럽'은 쿠바 음악의 대표주자들을 모아 놓은 그룹으로, 상징적인 그룹이다. 쿠바의 음악을 전 세계에 알리는 데 공헌했다. 쿠바 댄스 리듬은 모든 쿠바 사람들을 춤추게 한다. 나는 이 그룹이 알려지면서 쿠바와 그 음악이 세계적으로 알려지는 데 한몫했다고 생각한다.

2. 쿠바의 의료 시스템에 대해 어떻게 생각하는가?

쿠바의 의료 시스템은 전 세계 최고이다. 의사들은 실력은 출중하고, 언제나 희생할 준비가 되어있다. 코로나바이러스로 전 세계가 의료진 부족으로 고생하는 이때에, 쿠바 의료진들은 수많은 나라로 가서 환자들을 살려냈다. 이로 인해 2020년에 노벨평화상에 노미네이트되기도 했었다.

다른 나라 의사들과 달리 쿠바 의사들은 돈을 많이 벌진 못한다. 다만 의사들 스스로가 생명을 구하는 데 자부심을 가지고 헌신적으로 일을 하는 것이다. 나는 이런 쿠바 의사들을 매우 존경한다.

이런 의사들이 정치적으로 이용되는 점에 대해선 개선이 필요하다고 본다. 지역에 따라 의사가 매우 부족한 지역도 쿠바에 있다.

3. 쿠바의 신재생에너지에 대한 의견은 무엇인가?

최근 쿠바 정부에서 신재생 에너지사업을 시작하긴 했으나, 최근에 생겨서인지 신재생 에너지는 아직 큰 동력은 없는 듯하다. 이런 신재생 에너지 사업은 정부 주도 사업으로 초기 단계라 시스템 확장이 필요한 시점이다.

유기농산물은 90년대, 사회주의 농장에서 시작했다. UN 보고서에 따르면, 유기농 농장은 큰 변혁을 일으켰다고 보고했다. 변화에도 불구하고, 수요에 따른 적절한 공급이 이뤄지지 못하고 있다. 쿠바 정부에서는 유기농산물 증량을 위해 여러 가지 방법을 찾고 있으며, 되도록이면 건강한 자연 농산물을 생산하려 애쓰고 있다.

의약품 분야에서도 유기농산물, 천연재료로 대체한 치료법 개발에 착수해 성공적인 결과들을 보고 있다. 쿠바의 대표적인 유기농산물로는 설탕, 꿀, 과일 등이 유명하다.

4. 식량 배급제는 어떻게 생각하는가?

쿠바 정부에서 국민들에게 매월 배급하는 제도이다. 이론상으로는 좋으나 현실적으론 부족하다. 커피를 예를 들자면, 한 달에 한 사람에 지급되는 커피양은 125g이다. 이 양은 일주일 마시기에도 부족한 양이다. 부족 상태는 모든 음식 재료에 다 포함된다. 모든 사람이 음식 재료를 시장에서 더 구입을 해야 하는데 가격이 저렴하지는 않다. 다음 달(2020년 11월)에 더욱 효과적인 개선책이 나온다고 정부에서 발표했다.

5. 마지막으로 한국의 독자들에게 전하는 인사

"한국의 피가 흐르는 한국인 후손으로서 항상 한국인의 긍지를 가지고 문제를 해결하고 헤쳐 나가고 있습니다. 할아버지께서는 살아생전 쿠바에서 고위직으로 재직하셨지만, 직급을 악용한 적이 단 한 번도 없었습니다. 언제나 겸손하고 정직한 삶을 살아왔고, 할아버지를 본받아 우리 가족들도 그렇게 살았습니다. 그래서 우리 가족은 언제나 열심히 일하는 가족이었습니다. 저희 아버지께서는 대학교수로 재직하시며 택시 운전도 겸하시며 열심히 살고 있습니다.

2020년 코로나로 인해 쿠바의 국가 경제가 멈춘 상태인지라, 모든 것이 정지되었습니다. 생필품을 구할 수가 없는 등 상황이 안 좋긴 하지만, 앞에서도 언급했듯이 한국인 후손 답게 가족들이 뭉쳐서 잘 극복해 나가리라 믿고 있습니다."

▰ 한국 문화 전파에 특이점이 왔다! Here it comes: Singularity in Korean culture!

앞에서 퀴즈 형식으로 해당되는 사항이 아닌 것을 고르라고 나왔던 예시를 다시 들어보겠다.

Q. 아래 중 쿠바, 카마구에이에서 일어난 적이 없는 일을 있는 대로 고르시오.

1. 아리랑을 쿠바 정서에 맞게 편곡해서 부르기.
2. 한국 무용을 재해석해서 한복 입고 창작무용하기.
3. 쿠바 청소년들 대상으로 K-POP 댄스경연대회 열기.
4. 스스로 한국어 독학하고, 하바나까지 가서 시험을 본 쿠바 사람이 직접 한국어 가르치기.
5. 떡볶이가 먹고 싶어 떡을 밀대로 밀어 만들어 떡볶이 만들어 먹기.
6. 짜장면이 먹고 싶어 까만 베트남 소스 활용해서 비슷하게 만들어 먹어보기.
7. 양배추로 하얀 백김치 만들어 먹기.

8. 부모님께 혼나면서도 K-POP 클럽 계속 다니기.

9. 한국 클럽 활동 계속하려고 학교 성적 탑으로 유지하기.

10. 한국인처럼 생각하고 행동하려고 노력하기.

11. 한국 이름 스스로 만들어 부르기.

12. K-POP 앨범과 굿즈 마음껏 사서 방 장식하기.

정답은 12번 하나이다. 한국의 음악 앨범과 굿즈들은 구하기도 힘들고 이들에겐 매우 비싸다. 거의 불가능한 일이 K-POP 앨범과 굿즈 마음껏 사서 방 장식하기다.

처음부터 너무 쉬워서 답은 하나밖에 없었다고 말하는 분이 계시면 직접 만나 커피를 대접하고 싶다. 다른 나라였다면, 별것도 아닌 사항들일 가능성이 높고, 음식 같은 건 도시 어딘가에 하나쯤은 있을법한 한국 시장과 음식점에 가서 사 먹으면 되는 매우 간단한 일이기 때문이다. 혹은 시장이나 식당이 있는 도시와는 멀어도 정말 원한다면 온라인으로 주문이 가능하다. 다른 나라에서는 아무것도 아닐 수 있는 일들이 쿠바에선 새로워서 낯선 일이기도 하고 불가능한 일이기도 하다. 12개의 모든 예시가 쿠바의 사회, 정치, 경제적 상황과 맞물려있다.

대한민국과 쿠바는 정식으로 정치적인 수교를 하지 않기 때문에 영사관이 없다. 미국의 오랜 무역 봉쇄와 여러 가지 사회 경제적 여건으로 한국식품을 살 수 있는 마트가 없다. 이런 정치 경제적 문제 때문에 일반 쿠바인들은 한국의 식재료를 살 방법과 경로가 아예 없다. '인터넷으로 주문하면 되지.'라고 쉽게 생각하면 안 된다. 여행객들도 신용카드 사용을 못 하는 나라인데, 쿠바인들에게 온라인의 결제수단이자 자본주의 시스템의 상징물인 신용카드가 있을 리가 없다. 그러면 중국 마트를 가면 된다고? 쿠바의 일반 시민들은 중국 마트 같은 곳이 있는지 없는지, 존재도 모른다. 떡볶이를 만들기 위한 필수 재료인 떡, 고추장, 고춧가루가 쿠바에는 있을 수가 없다. 짜장면의 필수 재료인 춘장이 있을 리가 없다. 간장도 없는데 춘장까지 있을 리가. 불고기를 만들어보고 싶어도 간장이 없어서 불가능하다. 매운 돼지불고기는 더 불가능하다. 고추장과 간장이 없는데 매운 돼지불고기를 무슨 수로 만들 수 있을까.

김치를 담을 배추가 있을 리가 만무하다. 무를 찾기도 힘들다. 쿠바에서 먹는 야채가 아니다. 식문화 자체가 완전히 다르다. 쿠바인들은 우리처럼 쌈을 싸 먹거나, 서구처럼 샐러드를 먹는 문화가 없다. 쿠바 식당에서 샐러드보단 양배추 채 썬 것을 사이드로 준다. 토마토와 오이 슬라이스 몇 개 얹어서. 양배추는 자주 사용하는 식재료다. 양배추라도 있어서 다행이겠지만, 양배추를 사용한다고 해도 고춧가루가 없으니 백김치만 가능하다. 이런 식재료의 선택권은 학생들에겐 있을 수가 없다. 정부에서 지급하는 식재료 이외에 더 필요한 것은 마트에 가서 따로 사와야 하니까.

KCT 회원 대부분이 대학생이거나 중·고등학생이다. 생전 처음 들어본 중국 음악 같은 것에 정신이 팔려 시간 낭비한다는 부모님들인데 집에서 먹고 싶은 한국 음식을 만들어보겠다고 하는 거 자체가 무리이다. 리브레타(Libreta)로 지급되는 식품류 중에 비슷한 게 하나도 없다. 음악 듣고 춤 연습하는 것도 학교 성적을 잘 유지하면서 눈치껏 하는 게 좋은 상황인데 말이다.

쿠바 학생들에게 감정을 이입해서 써보자면 이런 상황이다.

'K-POP을 듣고 연습을 해야 KCT 이벤트에 가서 대화도 잘 통하고, 거기서 하는 경연대회도 나갈 텐데. 괜히 부엌에서 부스럭거리다 부모님 눈 밖에 나면 날수록 나만 손해. 오늘 KCT에서 배운 대로 부모님께 효도하기, 이웃 노인들께 인사하기 등 한국인들처럼 행동했더니 나쁘진 않았다. 아… 이번 시험성적 잘 나와야 할 텐데. 엄마가 시험 성적 떨어지면 각오하라고 했다. K-POP 앨범 너무 사고 싶다. 구하기도 힘든데 엄청 비싸다. 멕시코 사는 삼촌한테 사달라고 시도했다가 엄마한테 들켜서 망했다. 굿즈 사서 방 장식도 하고, 이벤트에 들고 가서 자랑도 하고 싶은데 그게 언제쯤 가능할까? 일단 대학교 들어가면 용돈(학비 보조금)이 나오니까 그거라도 모아서 나중을 노려봐야겠다. 도대체 진짜 떡볶이와 짜장면 맛은 대체 무슨 맛일까? 오늘 본 한국 드라마에서 먹는 장면이 또 나왔다. 얼마나 맛있길래 저렇게 자주 먹는 걸까? 오늘은 캐런(KCT의 한국어 선생님)이 떡볶이를 가장 비슷하게 만들어 봤다고 해서 맛을 봤다. 맛있었는데 이걸 먹어보니 진짜 맛은 무슨 맛일까 더 궁금하다. 다음엔 짜장면도 시도해 본다고 했는데 너무 신난다.'

한국 문화를 좋아하는 쿠바 사람들에게는 해보고 싶고, 먹어보고 싶은 것들이 많은데 방법이 꽉 막혀 있다. 이런 상황에서 12가지 예시를 해본다는 것이 얼마나 대단한 일인지 이해가 됐으면 좋겠다.

특이점이 온 부분을 해부, 분석해 보자.

아리랑이 한국을 대표하는 민요 중에 하나라는 것을 알고 있다는 자체부터 대단하다. K-POP과 한국 드라마를 봤다고 단순히 따라 할 수 있는 종류의 일은 절대로 아니라고 생각한다. 아리랑은 북한대사관이 쿠바에 있어서라고 얼핏 생각이 들 수 있으나, 대부분의 청소년들은 어느 나라 영사관이 들어와 있는지 그다지 신경 쓰지 않는다. 수도 하바나에서부터 537.6km 떨어진 카마구에이에서 북한대사관 사람들을 만나 아리랑을 주제로 대화할 확률은 쿠바 사람이 미국 복권을 사서 당첨될 확률과도 같지 않을까 생각한다.

KCT의 한국 문화에 대한 깊은 애정과 관심으로 아리랑이 한국의 전통 민요라는 것을 알아내는 것이 1단계. 듣고 또 듣고 한국의 정서를 이해하고 쿠바 청소년들의 정서와 접목하기까지의 고뇌의 시간이 2단계. 쿠바의 정서와 부합하되 다리타와 준민(카이토)이 한복을 입고 춤을 출 수 있도록 편곡하는 것이 3단계이다. 이 1단계에서부터 춤을 창작해야 하는 다리타와 준민의 고뇌의 시간이 시작했다. 한국 춤동작의 기본을 익혀야한다. 찾아볼 수 있는 영상은 다 찾아보았다. 이들의 2단계는 춤동작이었다. 동작을 하나하나 만들었다. 그래도 어딘가에서 검토를 받았으면 하는 마음에 한국인을 수소문해서 자문을 구했다. 가스퍼 김(Gasper Kim)이라고 하는 한국인 후손을 찾아가 자문을 구하기도 했다. 3단계에선 수많은 논의를 거쳐 쿠바의 전통 춤인 구아강코(Guaguanco)를 접목하기로 했다. 아투로의 기타반주와 함께 아리랑 합창을 시작으로, 다리타와 준민이 부채를 들고 한국 춤 선을 따라간다. 중간 부분쯤 마라카(Maraca, 쿠바 타악기의 한 종류)를 들고 호세 마르티의 시를 읊은 후 쿠바 비트로 빠르게 편곡된 아리랑을 다 같이 부르며 다리타가 아프로쿠반(Afro-Cuban)의 전통춤 구아강코(Guaguanco)를 추면서 절정에 이르고 아리랑이 끝난다. 이후 동네에 사는 한국인 후손들의 새해맞이 행사에 초청되고 카마구에이의 인사들이 모인 문화행사에도 초청되어 총 2번 더 공연을 하게 됐는데, 그때 다리타가 사정상 참석하지 못하자 한국인 후손 가스퍼 김과 준민이 공연을 했다.

일반적으로는 다른 문화를 좋아해서 즐기고 따라 하는 게 대부분인데, 이 정도 고민을 거쳐 창작해 낸 아리랑 음악과 아리랑 춤에 아프로쿠반(Afro-Cuban)의 전통춤까지 퓨전으로 만들어 낸 창작이었다.

KCT 부회장 아투로의 어머니, 캐런(Karen)

▪ 4, 5, 6, 7번 항목

이는 아투로의 어머니인 캐런의 노력이다. 남편과 상의하에 아들을 한국 컬처 클럽에 가입시킨 바로 그 어머니. 캐런은 한국어 선생님이자 한국 음식 연구가이다.

캐런에게 질문을 하면서 단독 인터뷰를 했고, 그녀가 문서로 작성을 해서 장문의 답변을 별도로 보내왔다. 이에 답변을 그대로 해석했다.

"나는 한국 드라마 몇 편을 보다가 한국어를 배우기로 결심했다. 전자책(e-book)인 『My Korean』으로 시작했다. 이 책은 발음이 제공되지 않아 '로제타 스톤(외국어 학습 소프트웨어)'으로 공부를 다시 했다. 마을에 한국인 후손들이 있다 보니 그들이 한국어 선생님을 모셔왔다. 2017년에 20명은 KCT 멤버들, 20명은 한국인 후손들로 구성된 2개의 교실이 2주 동안 운영되었다. 한국인 선생님 수업 첫날 나는 한국어로 나 자신을 소개할 수 있었다. 여권 비자 문제로 한국으로 갔다가 2018년에 선생님이 돌아왔다. '가, 나, 다, 라'를 배우고 조사 '은, 는, 이, 가'도 배웠다. 나는 하바나 호세 마르티 연구소(Jose Marti Institution)에서 치러지는 TOPIK 1 한국어 레벨테스트를 통과했다. 나를 제외하고도 7명이나 더 합격하는 것을 보았다. 한국 선생님의 한국어 교실이 5개월 동안 운영되는 동안 선생님이 하바나에 다녀올 일이 생길 때 나에게 수업 권한을 이임하고 갔다. 나는 한국인 후손들로 구성된 반과 쿠바인들로 구성된 반 2개를 다 가르쳤다. 그리고 5월 쿠바의 행정가들이 한국 선생님의 비자 때문이라며 수업을 금지했다. 쿠바 전국에서 이런 일이 일어났다.

한국 선생님의 현재 진행되고 있는 2개의 수업 강의를 나에게 하도록 권했다. 그때 이미 나는 새로 생긴 한국어 초급반 수업 강의를 시작했을 때였다. 갑자기 일주일에 6개 수업을 다 하게 되어 힘들었던 기억이 먼저 난다. 그래서 한국인 후손으로 구성된 반과 쿠바인으로 구성된 반을 하나로 통합하고, 2018년부터는 다리타가 한국어 초급반을 가르치기 시작해서 부담이 줄게 되었다. 한동안 한국어 선생님이 일주일에 한 번씩 한국어 발음들을 도와주다가 한 달에 한 번씩 만나다가 몇 달 후 하바나로 완전히 가면서 선생님과의 수업도 끝이 났다. 다리타도 열심히 수업을 이끌어나갔다.

나와 다리타의 한국어 교실 학생들 중 24명이 한국어 TOPIK 1 시험에 응시해 22명이 통과했다. 나와 다리타는 TOPIK 2를 통과했다.

한국어 교실에서, 선생님 캐런과 릴리안, 다리타

이후 나는 한국어 공부 심화학습에 돌입했다. 외국인을 위한 한국어 교재인『Korean Grammar in Use』,『세종한국어』,『연세 한국어』와 블로그, 미디어 등의 한국어를 배울 수 있는 모든 자료를 다 활용했다. 모든 전자책은 다 영어로 한국어 강좌가 된 것들이었다. 5개월 조금 넘는 시간을 제외하곤 혼자서 독학을 이어나가다 보니 한국어 회화 실력은 기본이라 향상시킬 수 있는 방법이 있으면 좋겠다.

카마구에이에 한국인 후손이지만 한국어를 못 하는 3세, 4세들이 살고 있는 관계로, 쿠바 정부에서 다문화정책의 일환으로 수업을 정부의 컬처센터에서 진행할 수 있었지만 프로그램이 끝나자 장소가 없었다. 그 이후엔 내 집에서 한국어 수업을 이어나가고, 다리타의 기초반은 다른 학생의 집에서 진행되었다. 그러다가 코로나바이러스로 2020년 3월 17일부터 모든 모임이 전면 금지되면서 현재 나의 한국어 교실도 휴강 중이다.

7월부터는 학생들이 수업 재개를 원하고 있으나, 장소가 여의치 않았다. 공원에서 일주일에 한 번씩 만나 마스크를 쓰고 칠판 없이 수업을 다시 시작했다. 모든 학생들은 『세종한국어2』 전자책을 사용하고 있다. 이 책은 한국어 회화에 집중되어 있어서, 학생들이 집에서 혼자 공부할 때 도움이 될 거라 여겨 교재로 골랐다.

리세테 곤잘레스(Lissette González)라고 쿠바 사람인데, 한국에서 한국 선생님으로부터 한국어를 배웠다는 사람을 찾았다. 그녀는 쿠바에서 한국어 능력 시험 TOPIK 2 LEVEL 4 자격증을 소지하고 있다. 많은 도움을 받았는데, 특히 좋은 한국어 디지털 교육 자료들과 강의법을 전수해 주었다. 이메일로 궁금한 점이 있을 때마다 문의하곤 한다.

한국과 쿠바의 정치 관계상 교류가 없어 힘들긴 하지만, 나와 내 한국어 수업의 모든 학생들은 어느 날엔 한국어로 대화하기를 꿈꾸고 있다.

쿠바에서 러시아어도 중국어도 영어도 아니고 한국어를 배우겠다고 이 정도까지 노력을 하고 지금도 한국어 공부를 하고 있다. 쿠바인이 스스로 한국어를 독학해서 한국인 후세대들과 쿠바인들에게 한국어를 가르치고 있다.

한국어 배우기는 전자책(e-book)도 있고, 드라마도 있으니 혼자 흉내 내기부터 간단하게 시작할 수 있었다. 그러나 한국 음식은 또 다른 경지였다. 없는 재료로 음식을 만들어내는 마법 같은 능력이 필요하다. 재료가 없으니 창조력을 발휘해야 하는 부분들이었다. 중국 마트가 쿠바에 있는지 없는지도 일반 쿠바인들은 알 수가 없다.

떡이 없고 고추장이 없는 나라에서 떡볶이를 맛보고 싶고, 춘장이 없는데 짜장면이 먹고 싶다. 고춧가루와 배추가 없는데 김치도 먹어보고 싶다. 도대체 간장이 없는데 무슨 수로 불고기를 만든단 말인가? 그러나 캐런은 해냈다. 밀가루로 떡을 만들었고, 고추장 대신 토마토소스와 핫소스를 섞어 빨간색을 냈다. 짜장면? 베트남 까만 소스를 섞어봤다. 매우 그럴듯하다. 김치는 양배추를 활용해 마늘 넣고, 멕시코산 고추 몇 개 썰어 백김치로 만들었다. 모든 과정을 인터넷으로 페이스북으로 지켜본 나는 캐런을 한국 음식 연구가라고 부르기로 했다.

고춧가루, 고추장이 없어서 빨간색은 토마토로 냈다고 한다. 토마토케첩 맛 떡볶이이다.

춘장이 없어 대신 사용한 베트남 까만색 소스, 양파와 돼지고기를 볶아 까만 소스를 더했다. 한국의 짜장면과 매우 비슷해 보인다.

■ 8, 9번 항목

하고 싶은 것을 하기 위해 부모님을 설득하는 과정을 얼마나 겪어봤을까? 다리타의 동생 다리안의 경우가 좋은 예일 듯하다. 누나는 성인이고 치과의사인지라 더 이상 걱정을 안 하신다. 부모님의 걱정은 현재 다리안에게 몰려있다. 누나야 할 일 다 잘하면서 본인이 하고 싶은 여가 생활하는데 누가 뭐라고 할 수 있겠는가? 다리안이 누나 따라다니면서 한술 더 뜨는 듯해 부모님은 걱정이 많다. 그런 부모님을 안심시키기 위해 다리안은 학교 성적이 100점 만점에 평균 99점을 유지한다. 내년에 (2021) 군대도 가야 하기 때문에 신체검사도 다 받았고, 전국에서 일제히 실시하는 대입학력고사 시험만 잘 치르면 된다. 원하는 과에 대학 입학 합격증 받고 군대 1년만 잘 다녀오면 부모님이 더 이상 걱정을 안 하신다고 했다. 마지막 고지 대입학력고사 잘 치르기 이거 하나만 남았다.

K-POP 춤을 추려고 학교 성적 평균 99점 받은 사람은 어디에? 여기 KCT 멤버들이 있다고 전한다.

■ 10, 11, 12번 항목

한국 드라마에서 한국 문화를 처음 접하면서 문화충격을 받았던 KCT 회원들이 있다. 물론 쿠바인들도 직계가족이나 직장 상사한테는 예를 갖춘다. 다만 모르는 사람인데 나보다 나이가 더 많다고 예를 갖추지 않을 뿐이다. 굳이 그래야 할 이유를 모르고 살아오다가 한국 드라마를 보고 놀랐다. 왜 모르는 사람을 공경하고 도와주는 건지 이해가 가지 않았다. 더구나 쿠바는 돈이 더 많다고 대우해 주거나, 의사나 변호사 같은 그런 직업을 가지고 있다고 특별히 대우해 주지는 않는다. 사회계층이라는 개념 자체가 없다. 그런 면을 쿠바로 들이고 싶지는 않다고 한다.

그런데 모르는 노인들을 공경하고 돕는 부분은 왠지 가슴이 뭉클했다. 그 이후로 회원들은 도움이 필요한 타인 돕기나 모르는 노인들에게 친절하기를 생활 속에서 실천하려고 한다고 한다.

쿠바 관습 중 일부를 한국처럼 바꾸려는 노력을 KCT의 청소년들이 하는 것이다. 여기서 발생한 문화 교류(Cross Culture)로 인해 쿠바의 신인류가 탄생한 것이 확인되었다. 이 한국 문화로 인해 탄생한 이 신인류들이 장차 쿠바의 주역이 될 꿈나무들인 것이다.

문화의 교차로 인한 신인류의 등장

고위관직이 아닌 일반 백성들이 새로운 문화를 만나려면 목숨을 걸어야 했던 과거가 있었다. 조선 시대 1800년대 초 장사꾼이었던 문순득이 장사를 위해 탔던 배가 표류하여 엉겁결에 일본, 필리핀, 중국을 거쳐 천신만고 끝에 돌아왔던 것이 그렇다. 혹은 과거에 실크로드라는 대장정의 길을 떠나 몇 년에 걸친 이동을 생각해 봐도 쉽지 않은 일이었을 것은 분명하다. 컴퓨터와 인터넷으로 세계가 연결되는 순간 새로운 차원의 세계가 열렸고, 30여 년이 지난 지금 또 다른 차원의 세계가 열렸다. 이젠 물리적이고 식접적인 이동 없이 타문화를 섭렵할 수 있다. 백문이 불여일견이라는 말이 무색해지는 시대에서, 이젠 내 눈으로 봤어도 함부로 믿으면 안 되는 시대이기도 하다.

이 기술의 발전이 신인류를 탄생시켰다. 청소년들이 그들의 많은 것을 결정하게 되는 성장기에 기술을 통해서 다른 나라 문화에 장기간 반복적으로 노출되면서 생긴 일이다. 지난 70여 년을 무역의 고립으로 극히 제한된 국가와의 접촉만 가능했던 나라 쿠바. 일반 국민들이 인터넷 접속이 가능해지면서, 한국 문화를 접하기 시작하자 K-POP만 듣고, K-DRAMA만 보면서 한국 문화에 동화된 KCT 집단이 좋은 예이다. KCT 회원들의 경우에 짧게는 3년 길게는 10년 가까이 되는 청소년기에 K-POP과 K-DRAMA만을 꾸준히 듣고 보았으며, 한국 문화를 즐기는 친구들과 어울리면서 사고방식과 행동방식을 한국식으로 바꾸고 살게 된 현상을 보았다. 이는 이민이나 유학 등을 통해 일어날 수 있는 일들이었다. 하지만 이 쿠바의 청소년들은 이민이나 유학이라는 복잡한 과정 없이 문화 교류(Cross Culture)에 관한 모든 것을 스스로 해내었고 쿠바의 신인류가 되었다.

팽이 돌리기를 시도하는 엘리자베스와 사쿠야

공원에서 제기차기를 하는 KCT 임원들과 동네 아이들

▬▬ 학문적 정리

　　KCT 임원들을 만나 한국 전통 놀이를 즐기고, 내가 준비한 한국 음식을 먹으면서 그동안 진짜는 어떤 맛인가 하는 의문이 풀리고, 인터뷰에 성실히 응하는 그들을 보면서 일이 그냥 한 번에 지나칠 수 있는 일이 아니라는 건 알았다. 결국에는 KCT 전체 회원들을 대상으로 두 번 더 행해진 설문을 통해 나온 유의미한 답변들로 학문적 의미를 부여하게 되었다. 두 가지의 학문적 의미를 소개한다.

- **자아 성장**: 한국 문화가 청소년들의 자아를 성장시키는 도구가 되었다. 즉, KCT라는 또래 집단(peer group)과 함께 활동하며 자아가 성장하고, 자신감을 가지며, 꿈을 꾸기 시작했다는 사회심리학적 발견이었다.

- **비지니스 모델(Business Model, 기업이 서브하는 고객들에게 가치를 제공하기 위해 기업이 개발하는 전략)을 통해서 본 KCT**: 한국 문화 전파 지속성의 방법을 KCT라는 한국 컬처 클럽을 통해서 찾았다. 놀랍게도, KCT가 생겨나고 정착해서 한국 문화를 전파했던 방법은 하버드 비지니스 스쿨(Harvard Business School, HBS), 존 코터 교수의 MBA 과정 수업에서 배우는 '새로운 기업 문화를 만드는 8단계'가 그대로 적용되었고, 그 지역에 한국 문화가 잘 안착했다. KCT가 그 지역에 있는 한 한국 문화는 계속 전파될 것이라는 발견이다.

한국 문화와 해외 청소년들의 자아 성장에는 KCT라는 한국 컬처 클럽이 있었다.

한국에서는 또래 집단이라고 널리 쓰이는 'peer group'이라는 용어가 있다. 또래 집단이라는 단어의 이미지가 영유아기를 떠올리기가 쉽지만 어린 나이만 지칭하는 용어가 아니다. 그래서 이미지의 충돌을 막기 위해서, 이하로는 영어 단어 그대로 피어 그룹(peer group)이라는 용어를 사용하겠다. 설문 조사에서 응답한 나이대가 대부분이 15세에서 25세 사이이다. 이 청소년과 젊은이들이 한국 문화에 대한 호기심 혹은 열정으로 모인 KCT라는 한국 컬처 클럽과 함께 자아 성장과 꿈을 키우게 되었다는 응답들이 나왔다. 더 자세하게는 KCT라는 조직이 지역 청소년들의 자아 성장을 돕고, 새로운 도덕적 가치를 추구하며, 인생의 의미를 찾아가면서 꿈을 꾸게 되었다는 것이다.

KCT 멤버들을 대상으로 한 2번의 설문조사에서 나온 응답들을 다시 살펴보자.

"갓난아기가 울면서 성장해 나가고, 발전하면서, 그렇게 함께 큰 가족이 KCT이다. 우리는 매일매일 새로운 것을 배우고, 긍정적이고 사람이 가득한 메시지를 한국 음악, 드라마, 영화, 예술 등을 통해 전달한다. 가능한 한 모든 관점과 취향의 대중을 다 품고 전달하려고 노력한다. KCT에 모인 사람들은 한국 문화에 대한 이해와 분석을 쿠바의 문화와 경험을 반영하며 비교하는 것도 함께한다."

"한국에 대한 관심이라는 작은 불씨가 KCT라는 나무를 만나 커다란 불꽃으로 피어나 절정을 이루는 곳. 이곳에는 남들이 나를 어떻게 판단할지 염려하지 않아도 되는 곳. 스태프로 활동하면서 뭔가 큰일을 하고 있는 것 같은 생각이 들면서 내가 매우 쓸모 있는 사람이 된 것 같은 자존감이 살아나는 곳이다. KCT가 하는 일들이 다 좋고, 내가 할 수 있는 한 최선을 다해 봉사할 것이다."

KCT를 함께 성장한 가족이라고 지칭하면서 긍정적이며, 포용적이고, 자신감이 살아났고, 자신이 하는 생산성 있다고 생각하는 일에 대한 자존감까지 살아난 것이다.

심리학과 사회학에서 15세에서 24세의 청소년들의 정체성 성장과 개발에 있어서 또래집단들의 역할의 중요성을 다룬 연구들이 많이 있다. 그중에서 또래 집단 모임인 피어 그룹(peer group)이 청소년에 미치는 영향, 또래집단 내에서 서로 가르치고 배우는 과정. 이 모든 것을 통해서 자아 성장에 미치는 영향력에 대해서 서구에서 지속적으로 연구가 되어왔다. 저명한 심리학자 에릭 에릭슨(Erik Erikson, 1968)의 사회심리적 발달 이론에서도 또래집단간의 영향이 등장한다. 관련 리서치 중에서 내가 주목한 부분은 또래집단을 형성하고 그 안에서 자아 형성과 성장에 대한 부분이었다. 크로거(Kroger, 2007) 박사의 연구에서 거론되었던 자신감 성장과 도덕적 성취감, 미래에 대한 계획 등이 피어 그룹(peer group)이 주요한 역할을 했다는 결과에 부합했기 때문이다.

비지니스 모델을 통해 본 KCT는 다음 장에서 계속된다.

Part 5

카마구에이 KCT 청년들에게 배운 것들

: 문화 지속성의 조건 그리고 지역화의 중요성

하버드 경영대학원의 애니타 앨버스(Anita Elberse) 교수가 2019년 한국으로 직접 방문해 자료조사를 하고 BTS 관련 논문을 하버드 비지니스 리뷰(HBS)에 실었다. 논문 제목은 '빅히트와 블록버스터 밴드 방탄소년단: 전 세계로 뻗어 나가는 K-POP.' 한국에서 실무진을 직접 인터뷰하고, 트레이닝 시스템, 투자과정을 분석했다. K-POP 아이돌 시스템을 비지니스 모델로서 평가하고, 시장경제가 모든 걸 좌우하는 미국 엔터테인먼트 시장에게 알린 것이다. 즉, 미국의 자본시장이 반응할 뿐만 아니라 학계가 비지니스 모델로 구체화시켜버린 것이다.

이 논문이 나왔을 때, 자본시장이 본격적으로 반응을 하는 이때 골든타임의 경종이 울렸다고 생각한다. 한시라도 빨리 한국 문화를 지속성 있게 전파할 수 있는 구체적인 방법을 도입하고 실천해야 하는 시점이라고 판단한다.

▰ 지속성

KCT를 통해 본 한국 컬처 클럽은 한국 문화 전파의 지속성을 강화하는 역할을 해왔다.

회원들 스스로 습득한 한국 문화이다. 자발적으로 한국 문화를 생활 속에서 실천하고 있다. 한국 문화를 쿠바 문화에 적용해서 한국 문화의 쿠바화가 진행되고 있다. 물론 한국 전통을 제대로 정확하게 배우는 노력도 게을리하지 않는다. 그래서 쿠바-아리랑을 편곡해 불렀고, 쿠바-떡볶이가 탄생했다. 이 정도 지역화가 전 세계에서 자발적으로 진행된다면 10년 후에는 무슨 일이 일어날지 기대가 매우 크다. 한국 문화 지역화의 정석을 KCT로부터 배웠다. 지역화가 지속성을 부양한다는 것도 배웠다.

KCT 임원들과 회원들의 설문 응답들을 보았다면 극명하게 드러나는 중요한 점이 있다. 단순히 K-POP이 좋아서 모여 함께 음악을 즐기고 나누는 수준을 넘어섰다는 점이다. 그들은 자발적으로 모여서, 조직을 만들고, 해당 지역에 알맞은 행사를 지속적으로 해왔다는 것을 볼 수 있다.

KCT의 스태프들은 모여서 2주에 한 번씩 열리는 이벤트에 어떤 내용을 소개하고 해석할 것인지를 논의하고 정리해서 프로그램을 짠다. 이벤트가 열리면 동네 청소년들은 자발적으로 혹은 비자발적으로 친구들에게 끌려오기도 한다. 평균 300명, 많이 모이면 600명 가까이도 모였다는 이벤트들.

KCT 스태프 멤버들이 피어 그룹을 먼저 형성하고, 이벤트를 열 때마다 자석처럼 대규모의 피어 그룹 멤버들이 모여든다. KCT 스태프들은 2주 동안 자료를 보고 배우고 토론하며 이벤트에 있을 자료들을 만든다. 그리고 이벤트에서 준비한 자료들로 '또래 상호학습(Peer teaching)'을 한다. 이후 한국 문화와 쿠바 문화에 대한 토론을 다 같이 한다. 이벤트의 꽃인 K-POP 댄스를 직접 추며 공연도 한다. 이런 이벤트가 반복되면서 회원들은 피어 그룹의 강력한 영향력 아래 낯설고 새로운 나라의 문화, 한국 문화를 접하고 배우고, 쿠바의 문화와 비교 관찰하며 그들만의 자아정체성을 성장시켰다. 이런 식으로 개인과 그룹의 성격이 크게 확장되며, 자체적으로 더 높은 목표가 생기고 수정되고 있음을 앞 장에서 목격하고 확인했다.

▩ 존 코터 박사(Dr. John Kotter)의 8단계론

비지니스와 리더십의 권위자이자, 30여 년 동안 하버드 비지니스 스쿨에서 거의 평생을 강의한 존 코터(John Kotter) 박사의 리더십을 생각하게 된다. 단체의 문화를 바꾸어 성공하는 유명한 '8단계' 리더십. 1970년대부터 50년이 넘도록 평생을 비지니스와 리더십을 연구해 온 존 코터 박사의 결과물이자 그의 비지니스 컨설팅에 있어 핵심인 그 '8단계'를 KCT에 대입할 수 있다.

컬처 클럽이 성장해 온 단계부터 정리해 보았다.

1단계: 각자 한국 음악과 드라마를 보는 취미 생활 시작

여러 가지 경로를 통해 2010년쯤부터 시작해 대다수의 쿠바 국민들이 인터넷 사용을 하게 된 시기가 2015년 전후였다. 한국 드라마와 K-POP을 보고 듣는 청소년 숫자가 늘어나며 일반적 취미생활로 자리를 잡았다.

2단계: 한국 문화라는 같은 취미를 가진 사람들이 모여 온라인 그룹 형성

기존부터 존재하던 일본 컬처 클럽에서 만난 사람들이 한국 드라마와 음악 얘기를 하기 시작. 단톡방(3인 이상이 이야기하는 메신저 대화방)을 만들고 한국 드라마와 K-POP에 대한 의견을 나누며 단톡방 그룹이 공고해짐.

3단계: 한국 컬처 클럽 조직형성에 대한 논의

한국 컬처 클럽을 만들어 이런저런 것들을 하면 좋겠다는 대화가 오고감.

4단계: 최초 12명이 KCT 시작

자발적으로 모인 12명이 KCT 컬처 클럽을 시작함.

5단계: 부모님들의 반대와 지역사회의 시선을 이겨내기

대부분이 대학생들과 청소년들이어서 부모님들의 반대가 있었음. 효과적으로 거두기 위한 노력을 함. 학업성적 유지하기, 자기 할 일 제대로 하기 등등.

6단계: KCT라는 피어 그룹(peer group)에서 한국 문화를 전파하기 시작함

KCT 운영진이 2주에 한 번씩 열리는 이벤트에 대비해 자료 조사하고, 공부하고, 토론하는 과정을 반복. 이벤트에서 한국 문화를 전파함.

한국어 교실도 따로 열어 한국어를 지속적으로 배움.

7단계: 자체적으로 K-POP 경연대회, 한국 문화 축제를 개최하며 지역 청소년들의 주요 엔터테인먼트로 자리 잡음.

자체적으로 K-POP 댄스경연대회를 개최. 1년에 한 번 8월에 'K-DanSing Together' 축제를 이틀간 개최. 첫날밤엔 한국 드라마 갈라쇼(galashow)도 함께 진행함.

8단계: KCT 회원들의 한국 문화생활 속에서 실천하기

KCT에서 배운 한국어를 회원들 간 사용하고, 이웃과 어른 공경하기를 생활 속에서 실천함.

KCT의 성장 단계는 존 코터(John Kotter) 박사의 8단계 모델과 거의 완벽하게 일치한다. 이에 코터 박사의 단계별 해석과 KCT 케이스를 함께 덧붙인다.

1. (개인의 마음속에) 긴박함을 만들자(Create a sense of urgency)

"기회를 될 수 있는 한 빨리 잡아라. 기회를 포착하고, 잡아서 경쟁자들보다 앞서 나가는 것이 열쇠이다."   *by J. Kotter*

누군가 억지로 밀어 넣는 변화는 대부분 실패했다고 한다. 마음속에 이런 긴박함이 생기면 사람들이 모여들고 함께하면서 생긴 에너지로 기회를 잡기 위해 노력하기 시작한다고 한다. 이런 질문들을 존 코터 박사는 던진다.

- 어떤 기회가 사람들의 마음과 정신에 불을 지필 수 있는가?
- 그것이 무엇인지 지정하고 설명할 수 있겠는가?
- 그것을 조직의 특별한 기능과 외부변화요인을 연결할 수 있겠는가?
- 성공한다면 어떤 이익이 있는가? 실패한다면?

KCT의 멤버들의 마음으로 보면 위에 질문에 다 답할 수 있다. 한국의 문화를 접하면서 그들의 마음과 정신이 한국 문화로 향했고, 친구들과 함께 나누고 즐기면 좋을 것 같았다. 그렇게만 한다면 친구들과 가까워짐은 물론이고, 뭔가 신나고 재미난 일이 생길 것임을 직감한 것이다.

2. 지도자 연합 구축(Build a guiding coalition)

> "주요 지도자들이 자리를 잡고, 다각적 정보로 융합하여 새로운 방법의 일을 시작한다. 다양한 팀 멤버의 자발적 참여와 헌신이 변화에 대한 약속이 된다."
>
> *by J. Kotter*

KCT 그룹으로 자리 잡기 전에 일본 컬처 클럽에서 만나 한국 문화 이야기를 하다가 온라인 채팅으로 이어졌다. 그 채팅 그룹에서 새로 본 한국의 드라마와 음악을 얘기하고, 한국 문화에 대한 정보를 나누며 그 인기가 폭발 직전이었다고 한다. 새로운 한국 컬처 클럽이 생기면 거기에 헌신적으로 자발적으로 참여할 그룹 형성이 자연스럽게 만들어지고 대기 중이었던 것이다.

3. 전략적 비전과 독창적인 계획을 만들라(Form a strategic vision and initiatives)

> "데이터와 사실만으로는 사람들을 끌어들일 수 없다. 사람들의 감정에 호소할 수 있어야 한다. 만약에 사람들에게 더 대단한 의미와 목적을 제공할 수 있다면, 대단한 일들이 가능해질 것이다."
>
> *by J. Kotter*

모여든 채팅 멤버들은 한국 컬처 클럽을 만들기로 합의했다. 단순히 채팅창에서 수다를 떠는 것에서 진일보한 무언가를 클럽에서 하기로 했다. 함께 드라마 보고, K-POP 댄스 공연을 직접 하기도 하고, 한국 문화를 소개하든가, 한글을 배운다든가 하는 것들을 함께 하기도 하고. 상상만으로도 즐거웠다.

4. 자원봉사자들 모집(Enlist a volunteer army)

> *"사람들에게 강한 비전을 주며 동기를 부여하고 새로운 움직임에 동참하게 이끌라. 자원봉사자들의 노고를 인정하고 결속력을 다져 더 많은 이들을 끌어 모아라."*　　　　　　　*by J. Kotter*

12명의 창립멤버를 시작으로 KCT는 매우 훌륭한 스태프로 조직을 꾸려 이벤트를 이끌어 나가기 시작했다. 12명 창립멤버들이 이벤트를 시작한 이후 새로이 조직에 지원한 사람들이 채워지며 탄탄한 조직이 만들어져 갔다. 너무나 조직에 참여하고 싶어서 친구 둘(아나와 리즈)은 창립멤버(릴리안)를 2주 동안 찾아다녀 간신히 만나 간청했다고 한다. 제발 스태프로 동참하게 해달라고.

5. 장애물 제거하기(Enable action by action by removing barriers)

> *"혁신은 새로운 아이디어를 내는 것보단 장애물을 제거하는 것이 더 현실성 있다."*　　　　　　　*by J. Kotter*

거의 모든 KCT 임원 스태프들 그리고 일반회원들이 학생들이다. 그래서 부모님들의 반대가 있었다. 부모님들 눈에 '볼썽사나운 복장과 화장' 그리고 '시간 낭비'가 주요 포인트였다. 임원진들과 스태프들은 그들의 취미생활 보전을 조건으로 학교 공부를 게을리하지 않고, 성적 유지로 부모님께 의지를 보여주었다고 한다. 시간이 흐른 지금은 그다지 반대하는 부모님은 없다고 한다. 해야 할 일을 다 했다는 조건만 충족한다면.

6. 단기목표의 승리(Generate short-term wins)

> "큰 승리이던 작은 승리이던 사람들을 전진하게 하는 데 힘이 된다."
>
> *by J. Kotter*

KCT는 한국 문화를 전파하는 데 있어, 2주에 한 번씩 이벤트를 열어 지속적으로 한국 문화를 알렸다. 이벤트에 참가하는 수가 폭발적으로 늘어났다. 또한 스스로 한글 공부를 하며 한글교실을 운영했다. 한편 호세마르티 연구소(Jose Marti Institution)에서 한국어 레벨테스트를 치르며 자격이 있음을 스스로 증명했다.

7. (승리의) 가속화(Sustain acceleration)

> "첫 번째 성공 이후 더욱 열심히 하라. 높아진 신뢰는 시스템, 구조, 정책을 나아지게 만든다. 비전이 현실화될 때까지 끊임없이 변화를 시도하라."
>
> *by J. Kotter*

격주로 하는 이벤트로서 그치지 않고, 자체적으로 K-POP 댄스경연대회를 열어 성공적으로 끝냈다. 1년에 한 번 8월엔 경연대회 겸 축제를 열었다. 경연대회 전날엔 갈라쇼의 밤으로 한국 드라마 이벤트도 열었다. KCT 회원들과 친구들은 꽉 찬 1년 계획 속에서 끊임없이 한국 문화 전파와 함께하는 이벤트를 즐기는 것이다.

8. 새로운 변화(Institute change)

> *"새로운 습관들을 반복함으로써 미래까지 이어지도록 하자. 새로운 습관들과 집단의 성공을 교류와 연계로서 새로운 문화로 정착하도록 하자. 문화는 사람들의 행동거지를 바꾸고, 새로운 습관과 함께 더 나은 일과 공연을 하게 된다."*   *by J. Kotter*

KCT 멤버들 다수가 한국식 습관을 가지고 현실 생활에서 실행하고 있다. 일상생활에서 한국 단어 사용하기, 한국인처럼 열심히 일하기, 이웃과 노인에게 공손하게 대하기 등등. 한국 문화를 체험하는 것에서 생활화되어 가는 것이다.

하버드 비지니스 스쿨의 존 코터 박사 수업에서 배우는 이 8단계의 목표는 리더십이 기업의 문화를 선도하며, 혁신이 필요할 때 새로운 직장 문화를 도입하여 성공적으로 안착시키는 데 있다. 그런데 쿠바의 KCT는 이 모든 8단계를 스스로 완성해 버렸다. 최초 12명으로 시작해, 떠나고 채워지면서 계속 모여든 사람들로 현재의 임원진이 형성되었다.

이들의 강력한 리더십 아래, 자발적으로 모여든 회원들과 함께 8단계를 자연스럽게 밟아 온 것이다.

　자생적으로 만들어진 쿠바의 KCT는 자생적 한국 문화 홍보사절단 이상의 역할을 하고 있다. 그리고 KCT 회원들은 곧 쿠바를 이끌어나갈 주력사회인이 된다. 한국에 대한 바른 이해, 좋은 인식, 건강한 비판으로 똘똘 뭉친 KCT가 한국의 든든한 지원군인 것이다.

　돈을 들여 육성하려고 해도 힘든 일이다. 모여서 정열을 이렇게까지 불태우게 만들기는 힘들다. 미국의 대표 문화 사업이자 거대기업 할리우드(Hollywood)와 맥도날드가 전 세계를 장악하는 데 걸린 시간, 비용, 지속성을 위해 따로 들이는 비용이 얼마인지 파악이나 될까 모르겠다. 반면 한국 문화를 스스로 배우고, 흡수하고, 자발적으로 홍보까지 하고 있는 그룹들은 다르다. 전 세계에 BTS 팬들이 '아미'도 비슷한 단계가 보인다. 음악을 좋아해서 모인 그들을 단순 팬덤이라고 그들의 주류사회에서는 비하하기도 하지만, 아랑곳하지 않고 한국어를 독학하며 해석을 시도하고, 모여서 음악과 춤을 연습하는 모습들은 여러 곳에서 발견되고 있다. 다만, 아쉬운 점은 지속성과 결속력이 언제까지 영원할 수는 없지 않을까 하는 것이다.

　KCT 사례가 많은 점을 시사한다. 지속성과 결속력은 어떻게 다지면 되는지를 증명했다. 이들처럼 하면 된다고.

■■ 문화한국의 큰 물결이 전 세계에서 넘실대다

> "전통은 매우 강력한 힘이다.
>
> *Tradition is a very powerful force.*"   by J. Kotter

대한민국은 5000년의 문화와 역사가 있다. 실로 길고도 긴 세월은 다양한 문화와 역사를 품고 오늘까지 이어져 왔다. 그 긴 세월에는 조상님들이 후손들에게 전해준 다양한 삶에 대한 희로애락과 지혜가 함께 한다. 우리는 이 이야기들을 전 세계와 나눌 준비가 되어 있는가?

'우리가 설마 그 정도겠어?'라고 생각하는 사이에 문화한국의 큰 물결은 이미 일어났다. 이 물결로 세계를 한 번만 덮치고 말 것인가? 아니면 전 세계, 각 나라에 '문화의 호수'로 자리 잡고, '문화의 담수'로서 영원히 지속적으로 공급할 것인가의 갈림길에 서 있다. 나는 이 '문화담수화작업'을 하루빨리 시작해야 한다고 주장한다. 각 지역사회 특성에 맞도록 설계함과 동시에 한국 고유의 정신도 보존할 수 있는 방법으로. 즉, 한국, 'Korea'라는 이름을 함께 살리는 방안도 마련했으면 한다.

밑에 제안 중에는 이미 선행되고 있는 사항들도 있다. 하지만 현지에서 일어나고 있는 일들을 지켜본 결과 현행제도는 있으나, 잘 진행되고 있는 센터들도 있는 반면에, 수많은 문제를 양산하며 썩어 들어가고 있는 곳들이 있기도 하다. 바다 건너 타국에서 일어나는 일이라 속속들이 알기가 쉽지 않다. 각 센터 내부에서 회장 자리를 차지하기 위해 쿠데타를 일으켜 자리를 뺏고 빼앗기는 상황을 일일이 본국에서 즉각 다 알 수가 없다. 여태껏 없었던 감시센터를 새로 설립한다 한들 코로나 시대에

각 나라의 센터들을 일일이 방문하는 것도 불가능한 상황이다.

전 세계 센터 내에서 각자의 '완장'을 획득한 후 이를 악용하는 사례들을 바로바로 정리할 수 있는 선례도 기준점으로 정리된 것이 없는 듯하다. 센터가 개인의 돈벌이로 전락한 경우가 있는데 이를 발견하는 것도 쉬운 일이 아니다. 수정·보완 작업이 시급한 센터에서 스스로 뭔가 틀렸으니 고쳐달라고 나설 리가 없으며, 차라리 폐쇄하고 다른 지역에 새로 설립하는 것이 나은 경우도 있다. 그들이 스스로 나서서 폐쇄하겠다고 할 경우의 수가 얼마나 되겠는가? 더군다나 이 책은 그런 문제들을 고발하는 책이 아니므로, 제안 형식으로 내용을 정리할 것이며, 예시가 필요하다면 쿠바의 상황만을 예로 들어 설명하도록 하겠다.

▦ 체계화가 필요한 부분들: 우리가 하지 않으면 다른 나라의 누군가가 한다.

(1) 영어 작명 작업과 공식화하기

'쥐포'를 뭐라고 작명할 것인가? '드라이 마우스 밋(Dried Mouse Meat)'이라고 말하는 것을 캘리포니아의 한 공원에서 들은 적이 있다. 미국에 초등학교 때 이민 온 1.5세 한국인 어머니가 자녀들에게 쥐포 먹으라고 큰소리로 부르는 데 사용된 이름이다. 쥐치라는 생선을 말려서 만들어서 쥐포가 되었다는 공정과정을 몰라서 생긴 웃지 못 할 해프닝이었다. "쥐포? 생선! 저도 '피쉬저키' 먹고 싶어요!"라고 일부러 큰소리로 웃으며 농담으로 정정하는 마무리를 하기는 했으나, 문제는 한국인들조차도 영어로 뭐라고 부를지 몰라서 우왕좌왕한다는 것이다. 쥐치는 영어로 'Filefish'이다. 그러니 작명을 "G-Po / Korean Filefish Jerky" 정도로 작명하면 어떨까 한다. 칼국수에 대한 이름 해프닝도 있다. 칼(Knife) + 국수(noodle) 그렇다고 'Knife Noodle'로 부르면 안 되는데, 역시나 어딘가에서 그렇게 말하는 것을 듣고야 말았다. '나이프 누들'이라는 말을 듣자마자 미국인들이 "칼을 국수에 함께 집어넣고 끓이는 거냐?"고 질문하면서 웃는 사람이 있는 반면 얼굴색이 변하며 다른 음식을 먹겠다고 식당을 바꾸는 사람도 본 적이 있다. 이 정도로 이름 지으면 될 듯하다. "Kal-GukSu / Korean handmade (chicken/dried anchovy/beef broth) noodle soup"

전통 한식을 데이터베이스를 구축한다고 하기는 했었으나, 해외의 한국식당의 영문메뉴판들에서 곰탕을 'Bear Soup', 육회를 'Six times'로 표기한 곳이 있었다. 곰탕과 육회가 구글 번역기에선 아직도 'Oxtail soup'과 'Raw meat'이다. 꼬리곰탕과 생고기. 그전보다는 나아졌지만, 정확도를 따지자면 틀렸다. 굳이 영어로 정확하게 바꾸자면 'Bone-Broth Soup'과 'Beef Tartare' 정도인데, 한국 음식이니 한국 이름도 함께 표기되었으면 한다. 한국의 것이라는 점을 함께 명시하는 좋은 방법 중에 한국 이름 그대로 쓰기가 있다.

우리가 하지 않으면 다른 나라의 누군가가 한다. 한국의 김치를 일본에서 '기무치'라는 이름으로 특허 등록을 해버린 사례가 있었다.

한국 이름을 살린 영어 작명 작업을 거치고, 한국의 공식적인 공인작업 특허 신청을 하고 홍보 작업을 병행했으면 한다. 전 세계에 찾아가는

서비스를 해서라도 시급하게 정착되었으면 좋겠다.

제안

① (반드시) 한국 이름을 그대로 적용하되, 알파벳은 최대한 간결하게 사용해서 읽기 쉽게 작명하는 것을 기본으로 한다. 뒤에 올 영어의 경우, 단어는 설명을 겸할 수 있도록 정확한 단어를 사용해서 만든다(예시: 쥐포 G-Po / Korean Filefish Jerky).

② 작명 후 한국 정부, 식약청 같은 곳에서 공인하고, 특허를 내어 전 세계에서 동일하게 사용하도록 홍보청 혹은 적절한 부처에서 작업을 한다.

③ 국내외 한국식당들의 영문메뉴판을 통일하는 작업부터 시작하는 것을 제안한다. 한국 내에서 음식 '먹방'을 하는 유튜버(YouTuber), 각국 음식 블로거(blogger)에게 통일된 이름을 발송하는 작업도 동시에 한다.

(2) 각 나라에 자생적으로 형성된 한국 문화센터 지원하기

KCT 경우에서 볼 수 있듯이 자발적인 지원자들이 모여서 적극적으로 클럽이 만들어진 경우가 있다. 전 세계 각 지역에서 한국 노래나 드라마를 즐기다가, 그 주제로 대화를 하고 싶은 사람들이 모여 한국 문화를 제대로 알 수 있는 장을 마련하고, 정보를 찾고, 나누고, 공부하고는 지역 사회 청소년들에게 이벤트를 열고, 수백 명이 모여서 같은 취미생활을 하며 끈끈한 우정을 쌓아간 바로 그 KCT 같은 곳에는 한국 관련 자료, 교재, 물품을 정부와 기업에서 적극 지원하면 좋겠다.

현재 원조를 받고 있는 하바나에 있는 어떤 단체는 한국 문화의 이해에 대한 노력은 전혀 하지 않은 채, 디스코장에서 3시간 정도 K-POP 노래를 틀어주고, 춤만 추게 하다가 끝난다고 한다. 모여든 사람들에게는 한국 물품 판매를 하고 있다고 한다. 그 한국 물품들은 어디서 난 것일까에 대한 의문이 강하게 든다. 반면 KCT 같은 곳은 지원이 하나도 없다. 하바나의 한국 컬처 클럽에 대해 더 조사해 본 결과, 처음 시작은 다른 회장이었고 이 정도로 무성의한 곳은 아니었다고 한다. 한국 문화가 퍼지기 시작하던 초창기에 비교적 사이즈가 큰 그룹이었고, 장소가 쿠바의 수도 하바나였으니 그 당시에 어디서든 지원 물품들이 있었던 점이 이해가 간다. 그 후에 40대 중반의 현재 회장이 자리를 차지하기 위해 사람들을 부추겼고, 회장 자리를 획득했다고 한다. 그래서 현재는 단순하게 한국 음악에 맞춰 춤만 추고, 한국 물품을 파는 디스코장이 되었다고 한다. 이런 부작용을 막으려면 어떤 수정·보완 작업을 거쳐야 하는 것일까?

　　전 세계에 있는 한글 학교의 경우 한국 영사관들이 지원을 하거나, 한국 본국에서 지원을 한다고 알고 있다. 한국어를 지속적으로 일정 명수 이상의 학생을 교육할 경우에 정부에서 한국어 교재와 그 외 지원이 되는 방식으로 진행이 되고 있다. 학생들은 한인 2, 3세들이 많이 참석하고 한국어에 관심 있는 외국인들의 수가 증가하는 추세라고 한다. 한국어 교육방식의 경우, 집에서 한국어를 주로 사용하는 부모님들이 원하는 교육방식, 과거 본인들이 한국 학교에서 국어 시간에 배운 방식을 기본으로 해서 교육하는 경우를 보았다. 다만, 지원의 범위가 한글 학교 이상으로 컬처 클럽들에도 확대되어야 한다는 점을 지적하고 싶다.

외국인들에게 한국어를 가르칠 때 범위를 확대하는 걸 제안한다. 한국의 문화, 예절, 풍습을 효과적으로 전달하는 방법은 매우 많다. 이미 KCT가 많은 것을 보여주고, 증명했다. KCT는 이벤트를 위해 스스로 한국의 많은 부분을 조사하고 공부했다. 한국 노래와 드라마가 좋아서 모였으니 기본 자료를 거기서부터 활용하기 시작한다. 한국의 미풍양속과 관습, 한국 음식, 패션스타일, 사회를 소개하면서 한국을 알아가며 한국어도 배웠고, 이제는 아예 한국 홍보대사 수준의 일을 하고 있다는 점을 주목할 필요가 있다.

제안

① 해외의 단체들 지원 대상 확대

한국어 교실뿐만 아니라 한국 문화홍보가 다각적인 면에서 이뤄지고 있다면, 한국 컬처 클럽에도 지원한다.

② 상호보완제도

단체의 부패를 방지하기 위해 가능하다면 두 군데 이상을 지정해 서로 자료교환과 정보교환을 통해 다양한 교육이 이뤄지도록 한국 관련 교육 자료들과 매뉴얼도 함께 지급한다.

③ 지원금 회수 제도 마련

한국 문화의 다양성이 무시당하고, 독재적 운영과 그에 따른 부정부패가 발견될 시 그동안 지원되었던 금액 전액회수를 원칙으로 한다.

그 외 단체가 아니라 하더라도, 한국이 좋아서 여러 가지 방법으로 한국을 알리는 유튜버들이 전 세계에 있다. 이런 경우엔 기업들이 홍보의 일환으로라도 한국 물품들을 전달했으면 한다. 이들과 협업이 잘 된다면 최고의 홍보 효과를 누릴 수 있다고 판단한다.

(3) 한국 문화의 지역화 지원하기: 교육을 위한 역사, 사회, 언어 자료 배포

한글 학교와 한국 컬처 클럽에 언어뿐만 아니라 역사와 사회에 관한 자료 제공이 필요한 시점이다. KCT의 경우, 영어와 스페인어로 된 자료들을 보며 공부하고, 직접 한국 문화 잡지를 만들고 있다. 다리타가 잡지를 출간하기 전에, 그들이 쓴 글의 사실관계 확인을 문의해서 내가 직접 확인해 준 적이 있다. 이들이 참고한 영어와 스페인어 자료 자체에 있는 오류들로 인해 다리타의 글에는 오류가 있었다. 이는 우리가 스스로 한국의 역사와 문화에 대한 자료를 외국어로 제작하지 않아서 생긴 일이다.

이제부터라도 우리의 기회와 역사는 우리 손으로 스스로 만들어나가야 하지 않을까 한다.

제안

① 한국의 5000년 역사를 명시하여 대한민국의 자주적 역사를 정리한 책을 만든다.
② 전반적인 한국 문화에 대한 이해를 돕는 자료를 찾기 힘들다. 최소 영어, 스페인어, 불어 정도의 3개국 언어로 자료를 만들어 배포한다.
③ 모든 자료에는 한국 문화의 정통성을 위한 자료임을 분명히 한다.

(4) 지역화(Localization) 돕기

한국 문화가 지속성 있게 유지되려면 지역화가 이루어져야 한다. 음식의 경우 한국에서만 나는 고추장, 된장, 들기름, 깻잎 같은 재료들을 현지인들이 그들의 지역 시장에서 구입하는 것은 불가능하다. 한식을 전파하고 해당 지역에서 많은 사람이 한식을 즐기게 하고 싶다면, 현지 재료들을 사용해 가장 비슷하게 만들면서 현지인들의 입맛을 고려한, 그런 음식들도 있으면 좋다. 전 세계인들에게 그들 지역에 아예 없는 재료의 음식을 "이것이 한국의 것이니 무조건 똑같이 만들어 먹어야 한다."라고 강요할 것이 아니라면 말이다. 어차피 진짜 한국 음식을 먹고 싶은 사람은 먹어보라고 권하지 않아도 스스로 찾게 되어있다.

지역화가 가속화될 시 발생하는 문제점은 한국 문화의 정통성 상실을 우려할 수 있다. 이에 지속적인 교육이 필요한데 'KOICA' 같은 해외 봉사단체들이 어떤 내용을 어떻게 교육할 것인지를 한국 내에서 교육을 받은 후, 해당 국가 혹은 지역에 정기적으로 나가서 교육과 봉사를 겸하는 방법이 있다. 한국 대학생들이 많이 하는 해외연수 개념을 확장해서 활용하는 방안도 있다.

제안

① 한국 문화의 지역화를 돕기 위해 한국 단체들을 정기적으로 파견한다.
② 각국의 한국 컬처 클럽을 대상으로 지역화 활성을 위한 아이디어들을 권장할 수 있는 축제와 경진대회를 연다.

③ 전 세계에 산재한 한국 문화단체들을 대상으로 한 한국기업들의 홍보를 적극 권장한다.

(5) 지속적인 커뮤니케이션하기

효율성과 지속성을 위해 단체 간의 긴밀한 소통을 촉구하며, 아이디어 상호교환을 통해 경쟁과 발전을 이루어야 한다.

제안

① 한국정부단체와 세계지역단체의 의사소통을 권장한다.

② 해외 같은 나라, 각 지역 대표 간의 의사소통을 권장한다.

③ 회원들 간의 국제교류를 통한 의사소통을 권장한다.

④ 각 지역에 파견 나간 한국 문화교육 선생님들 간의 의사소통을 권장한다.

⑤ 사건·사고, 부정부패의 신고를 위한 신문고 제도를 활용한다.

KCT라는 자발적 한국 컬처 클럽의 사례를 통해 한국 문화가 어떻게 전 세계에 퍼져 이렇게까지 사랑을 받고 있는지 이 책을 통해 잘 알려졌으면 좋겠다. 우리가 어떤 준비를 해서 실행해야 하는지에 대해 곰곰이 생각하고 실행할 때가 왔다고 생각한다. 2021년에는 한국 문화 지속화 사업에 대한 계획을 세우고, 시작하기를 바란다. 향후 100년, 전 세계에 뻗어 나간 한국 문화 르네상스 시대를 기원하면서 이 책을 마친다.

나의 정체성과 솔직한 마음

Havana

처음에는 석사만 마치고 한국으로 돌아갈 예정이었다. 그러나 석사를 마친 이후 정착을 해 살게 된 20여 년의 세월. 강산도 변하고 나도 변했다. 모든 것을 객관적인 시각으로 혹은 제삼자의 시점으로 한국을 바라보게 된 후 나는 더 이상 한국인들 무리에 받아들여지지 못했다. 그래도 나는 한국인으로서 한국 이야기만 나오면 편을 들고 방어하기 바빴다. 이러다 보니 미국에서 나는 영원한 이방인 신세가 되었다. 한국인도 미국인도 아니었던 나는 정체성 상실이 왔었다. 대부분의 미국인은 아시아인을 보면 중국인을 먼저 떠올린다. 대화는 언제나 내용이 비슷했다. 한국인임을 알린 후 다음 질문은 북한 사람인지 남한 사람인지를 묻는 것이 순서였다. 남한이라고 대답한다고 간단히 끝나지 않는다. 북한의 김정은을 만나본 적 있냐는 질문이 나온다. 나는 20여 년간 축적된 같은 패턴을 벗어나기 위해 새로운 방향을 유도하기 시작했다. 우선 2차 대전부터 설명하기 시작해서 왜 한국전쟁이 일어났는지를 설명하고, 70년간의 분단의 역사를 설명했다. 간단한 농담이라 여겼던 미국인들의 질문에 나는 10분 이상의 연설을 해버리곤 했다. 그 미국인들은 당황하고 나는 지쳐갔다. 그래서 어느 순간부터인지 모르겠지만, 나를 소개할 때 국제인(International Person)으로 소개하기도 한다. 내가 국제인이라고 하면서 국제성을 강조하니, 대략 우리는 모두 국제인 정도의 농담으로 다 같이 웃을 수 있는 쪽이 편했던 것이다. 그 편안함을 즐기던 그즈음 쿠바로 학술여행을 갔다.

트럼프가 쿠바에 제재를 다시 가하기 시작했던 시점이라, 약간 소심한 부분도 있던 나는 혼자라면 엄두도 못 냈을 것이다. 그래서 미국의 유수한 학자들이 모여서 떠나는 쿠바 학술여행에 동참했다.

낯선 체제의 나라 쿠바, 그러나 매우 궁금해서 가보고 싶은 나라였다. 개인 여행자로는 절대로 방문할 수 없는 초·중·고등학교, 병원, 각종 시설들 등을 방문할 수 있었고, 나이 드신 미국의 원로학자들이 대부분이라 숨 가쁘게 여행하지 않아도 되는 느긋함이 있었고, 단체라는 안도감도 있었다. 체제가 다른 낯선 나라, 인터넷이 자유롭지 않아 길을 잃었을 때 혼자서 길 찾고 해결할 일들이 엄두가 나지 않는 나라, 그래서 미국인들 틈 사이에 숨어서 단체로 움직여도 좋을 듯했다.

하지만 쿠바에 대한 나의 모든 예상은 틀렸다.

미국인 학자들 사이에 숨을 수 없었다. 미국인들 사이에 단 한 명의 동양인인 나는 눈에 띌 수밖에 없는 존재였다. 놀랍게도 방문하는 곳마다 '한국인'임을 확인받고는 대대적인 환영을 받았다. 정확하게 대한민국(South Korean) 사람이라서 반겼던 것이다. 난생처음으로 쿠바의 청소년들에게 '우주 대스타' 대우를 받아보았다. 겹겹이 나를 둘러싼 쿠바 청소년들이 악수를 청했고, 나와 돌아가며 사진을 찍었다. 나를 그렇게도 반겼던 이유는 오직 한 가지, 내가 한.국.인.이.라.서. 였다. 쿠바인들이 내가 한국 사람임을 확인하며 환영해 주는 순간, 나는 한국인이 되었다. 제삼자의 객관적인 시각 같은 것도 순식간에 사라졌다. 내가 진짜배기 한국 사람으로서 전 세계에 한국 문화를 전파하며 살기로 결심하게 된 계기를 마련해 준 이들이 쿠바인들이었다.

그다음 해에 나 혼자 쿠바를 방문하게 만든 결정적인 한 도시, 카마구에이(Camaguey). 이 도시의 문화센터에서 예상치 않게 조우한 밑단이 너덜너덜 오래된 남녀 한복과 사물놀이 도구들. 마치 내가 입고 있는 옷이 찢어진 것 같은 당혹감이 밀려들었다. 무슨 일이 있어도 꼭 바꿔주고 싶었다. 문화센터장이 다음 해에 열리는 학회에 참여하는 것으로 미국과 쿠바 공항 출입국 심사대에 말할 재방문의 당위성을 만들어 줬고, 나는 재방문 때 한복과 마네킹을 들고 갔다. 처음에는 전시된 한복을 바꾸는 것으로 시작되었지만, 청년들을 만나고, 새로 만나는 쿠바인들과 대화를 하면 할수록 무엇인지 모를 동질감을 발견했다. 왜 쿠바인들이 한국 문화에 열광하는지 이해하게 되면서 이 사람들을 더욱 사랑할 수밖에 없었다. 한국 문화를 좋아하다가 심지어는 아리랑을 재창조한 것을 목격했다. 여기에서 한류의 특이점이 왔음을 발견한 것이다.

K-POP 초기 유입시기에 남자가 화장하는 것에 대한 거부감이 컸었다고 한다. 의무감을 가지고 이 지면을 빌어 남자의 화장에 대한 설명을 더한다.

한국민족문화대백과사전에 상세한 설명이 있어 그 내용을 정리해 보았다. 대략 6세기 정도에 신라라는 나라에는 '화랑'이라고 불리는 15~18세 정도의 소년집단이 있었다. 이들은 모여서 심신을 수련하며, 수련 중에는 노래와 춤을 추기도 했다. 춤추는 사회(Dancing society)의 한 형태인 것이다. 화랑은 나라가 위기에 빠지면 심신을 단장하고 가장 최선봉에서 용감하게 싸우던 그룹이었다. 여기서 심신을 단장한다는 것은 아름답게 꾸미는 화장이 포함되어 있었다. 화장의 의미는 권위와 힘을 드러내기도 하는 상징성이 있다. 혹은, 왕에게 중요한 의견을 개진할 때, 전쟁에 나가 싸우기 전에 얼굴에 하얗게 분칠을 하고, 눈 주위는 붉게 물들여 의지를 보여주기도 했다. 백제 계백 장군과 신라 화랑 관창의 일화는 화랑의 역할을 매우 잘 보여준다. 백제를 멸망으로 이끈 황산벌 전투에서 신라의 소년 화랑 관창은 겁 없이 돌진했다. 백제의 최고 장수였던 계백 장군은 이 치기 어린 소년을 처음엔 살려 돌려보냈으나, 그 이후 계속되는 소년화랑의 공격에 계백장군은 목을 베어 돌려보낸 후, 어린 장수를 잃은 신라군은 분노의 불씨를 무기 삼아 신라군을 승리로 이끌고 백제를 멸망에 이르게 한 그 전쟁 말이다.

이렇듯 대한민국은 5000년 역사 속에서 이미 소년들이 곱게 화장을 하고, 의복을 잘 차려입고 노래와 춤을 즐기기도 하였으며, 전쟁에서는 용맹하게 싸웠던 그런 역사를 가진 나라였다. 백제에서도 남자들이 화장을 했다. 다만 신라와는 다르게 자연스러운 화장법을 선호했다고 한다.

화랑도에 대한 내용을 살펴보면, K-POP에서는 빠질 수 없는 군무에 대한 해석이 가능해진다. 화랑들은 무리를 지어 춤을 추며 그들이 믿는 신에게 기도를 하기도 했고, 전쟁에 출전하기 전에 의식을 고취하기 위해서도 군무를 춘 기록도 있다. 군무는 그룹 성원을 이어주는 다리 역할도 하였으며, 노래를 부르면서 같은 동작에 맞춰 춤을 추며 우정과 의리를 다지는 역할을 했다. 같은 제복을 입고 추는 군무는 사회의 일원으로서 동질감을 느끼게 하며, 동작에 따라서 성취감과 카타르시스를 느끼게도 한다. 나는 K-POP이 전 세계의 청소년들에게 이러한 소속감, 동질감, 우정, 의리 등을 제공해 왔다고 본다.

개인주의가 팽배해진 요즈음에 인간은 존재만으로도 고독할 수 있다. 그리고 점점 더 그 고독의 깊이가 깊어지고 있다. 나이가 들어감에 따라 달라지는 사회적 위치, 경제적 요소, 여가생활을 즐길 수 있는 시간의 격차로 인해 만날 수 있는 친구의 수가 현격히 줄어든 요즈음이다. 부모와의 대화도 점점 줄어들뿐더러 대화가 통하지 않는다며 대화단절이 일어나기도 한다. 인간의 고독 속으로 빠지기엔 너무 이른 나이인 청소년들, 이들의 심장은 언제나 활활 타고 있다. 운동장에서 맘껏 뛰어도 제동되지 않는 그 심장들이 컴퓨터 산업의 발달로 방안의 컴퓨터 세계로 이끌었다. 컴퓨터의 세계의 유혹과 중독성은 강하다. 이런 우리의 청소년들에게 연대 의식, 또래 문화로서의 K-POP은 같은 흥미를 느낀 이들이 모인 피어 그룹(peer group)을 형성하게 했고, 그룹을 시작한 이들은 무리를 지어 함께 활동하면서 사회정치에 관심을 가지기 시작했다. 그리고 2020년 미국 대통령 선거에도 영향을 주면서 획기적인 한 획을 그었다. 노래와 춤 때문에 모인 이들이 한국 문화와 한글 공부를 위해 스스로 학습(self-learning)을 하였고, 서로가 서로에게 가르치기 시작(peer teaching)했다. 즉, 일단의 청소년 무리가 모여서, 음악에 맞춰 다 함께 군무를 추고, 동시에 한글과 한국 문화를 스스로 학습하게 된 것이다. 각 나라가 각국의 홍보를 위해 많은 예산을 들여 노력을 해도 단시간에 효과를 보기가 힘든 것이 이미지를 올리는 홍보사업이다. 우리나라는 K-POP과 K-DRAMA라는 콘텐츠로 단번에 타국가의 수십 년의 노력을 따라잡은 것이다. 쿠바에서 전 국민이 인터넷을 사용할 수 있었던 시작이 2010년 전후쯤이다. 인터넷 사용이 불편한 나라에서도 인기 있는 K-POP과 K-DRAMA가 이를 증명하고 있다. 쿠바에서 태어난 청소년들은 섬 밖으로 자유롭게 나갈 수 없는 고립된 나라에서 태어나고 자라왔다. 그 젊은이들의 삶은 쿠바 안에서만 허락되어진 삶이다. 그들이 여태껏 시청해 왔던 대부분의 문화 콘텐츠들은 남미의 마약 관련 드라마, 음모와 배신으로 얽힌 치정물, 띄엄띄엄 나오는 중국이나 일본 드라마가 다였다. 인터넷이 쿠바 국민들에게 허용되고, 쿠바 국영 방송에서도 한국 드라마가 방영된 순간 쿠바 드라마 시장의 판도가 바뀌었다. 새로운 한국의 드라마는 그들에게 새로운 문화의 분수와도 같았다. 끊임없이 쏟아져 나오는 이 문화의 분수는 어떤 이에게는 폭포수 같았을지도 모르겠다. 반복되는 마약 범죄 혹은 치정 이야기에 지쳐가던 이들에게 역사, 의학, 수사, 로맨틱 코미디 등 새롭게 쏟아지는 이야기에 어찌 열광하지 않을 수 있을까? 쿠바뿐만이 아니다. 미국 곳곳의 공항에서, 비행기 안에서, 어디를 가도 한국 드라마를 넷플릭스로 시청하고 있는 미국인들을 곳곳에서 볼 수 있었다.

5장에서 언급한 하버드 비지니스 스쿨의 논문이 나오기 전해에, 펜스테이트 대학(Penn State University)의 리차드슨 박사(Dr. Samuel Richardsons)

가 2019년 11월에 "왜 한국과 K-POP에 주목해야 하는가?"("Why to pay attention to Korea & K-POP")라는 주제로 강의를 했다.

내용을 살펴보면, 한국의 GDP와 경제에 대한 간략한 설명으로 시작했다. 한국이 단기간에 얼마나 경제적으로 눈부시게 성장했는지를 영국과 아프리카 나라와의 비교·설명 후, 문화 부분(Culture Industry)에 관한 한국의 급성장을 한류(Korean wave)로 풀이하면서 학생들에게 어떻게 전 세계에 뿌려졌는지 설명했다. 또한 한국 문화는 K-DRAMA로 현재 전 세계인이 시청하고 있음을 강조하기도 했다. 그는 강의할 때, BTS를 아는 학생들 손을 들어보라고 했다. 강의실의 학생 중 대다수가 손을 들었다. 2016년만 해도 BTS를 아는 학생들은 얼마 되지 않았으나, 현재(2019년) 이 강의실에 BTS를 모르는 학생은 거의 없다는 것을 확인했다. 그는 K-POP이라는 문화의 힘으로 한류가 전 세계를 움직인다고 했다. 현재 BTS 스타일은 '쿨가이'의 대표이자 상징이며, 한류는 마치 바닷가에 서 있는 우리들을 거대한 파도로 덮쳐버리는 것과 같은 효과라고 했다. 곧 BTS가 가까운 미래의 패션 방향성과 남성성의 대표가 될 것이라며 수업을 마무리했다.

한국인으로서 눈에 씌워진 콩깍지를 벗겨내고 본다 해도, 현재 한국 문화에 열광하는 전 세계인들의 양상이 단기적으로 끝날 것으로 보이지는 않는다. 지속적으로 새롭고 재미있으며 감동과 교훈까지 주는 콘텐츠를 생산해야 한다는 기본전제는 있지만, 이미 지속적으로 생산되고 있는 상황이다.

도대체 K-DRAMA와 K-POP의 어떤 콘텐츠가 세계 문화시장을 주도하게 만들었을까? 이 책을 통해서 궁금증이 해소되었길 바란다. 더불어 한국이 가지고 있는 유·무형의 모든 자산이 콘텐츠로 재탄생해 전 세계인들이 한국의 문화를 더욱더 재미있고 신나게 즐겼으면 한다.

세계인들이 한국 문화를 즐기고 있는 지금, 우리가 무엇을 어떻게 하느냐에 따라 한국 문화의 르네상스 100년이 달려있다.

참고문헌

미국 밀리터리 타임스(military times 2018/ 12/11. 5 things to know)

아사히신문 「도쿄를 방문한 카스트로·콧수염」 1959년 7월 27일지

Erikson. E.H. (1968) Identity, youth, and crisis. New York, NY: Norton.

Kroger. J. (2007) Identity development: Adolescence through adulthood
    (2nd ed.). Thousand Oaks. CA. Sage Publication, Inc.

The Heart of Change: Real life stories of How people change their
    organization(2002)

Veblen, T. B. (1899). The Theory of the Leisure Class. An Economic
    Study of Institutions. London: Macmillan Publishers.

https://www.britannica.com/biography/Jose-Marti

https://www.britannica.com/place/Cuba

https://www.britannica.com/biography/Jose-Marti

https://www.britannica.com/place/Cuba/The-Republic-of-Cuba

https://www.history.com/news/cold-war-refugee-operation-peter-pa
    n-cuba-eisenhower

http://cubajournal.co/childrens-harrowing-journey-depicted-in-oper
    ation-pedro-pan-exhibit/

http://legacy.h21.hani.co.kr/hankr21/K_97A90177/97A90177_044.ht
ml

https://www.theatlantic.com/magazine/archive/1965/08/hemingway-
in-cuba/399059/

https://www.lonelyplanet.com/cuba

https://www.hankyung.com/life/article/2018052767031

https://en.unesco.org/themes/fostering-rights-inclusion/slave-route

https://www.cubanet.org/htdocs/CNews/y00/jan00/19e12.htm

https://www.csis.org/analysis/cubas-changing-guard-and-sino-cuban
-relations

https://www.voakorea.com/archive/35-2009-11-04-voa12-91396209

https://encykorea.aks.ac.kr/Contents/SearchNavi?keyword=%ED%99%
94%EC%9E%A5%20%ED%99%94%EB%9E%91&ridx=1&tot=156#
cm_3_2

https://encykorea.aks.ac.kr/Contents/SearchNavi?keyword=%ED%99%
94%EB%9E%91%EB%8F%84&ridx=0&tot=11

https://youtu.be/CLQC5RLkJf8

https://oncubanews.com/en/cuba/cuban-sovereign-02-covid-19-vac
cine-receives-approval-for-clinical-trials/

http://www.hani.co.kr/arti/international/international_general/97000
0.html

http://en.granma.cu/cuba/2020-09-03/how-did-cubas-covid-19-can
didate-vaccine-come-to-be-named-soberana